Un nouveau monde économique

Éloi Laurent
et
Jacques Le Cacheux

Un nouveau monde économique

Mesurer le bien-être et la soutenabilité au XXIe siècle

Odile Jacob

15, rue Soufflot, 75005 Paris

www.odilejacob.fr

ISBN : 978-2-7381-3290-1

INTRODUCTION

La mesure des possibles

> « Que nul n'entre ici s'il n'est géomètre ! »
> Devise inscrite au fronton de l'Académie fondée par Platon à Athènes.

Nous vivons sous le règne du produit intérieur brut (PIB), dont l'année 2014 a marqué le soixante-dixième anniversaire. Créé par l'économiste américain Simon Kuznets à l'orée des années 1930, le PIB fut adopté comme norme internationale de la comptabilité souveraine lors de la conférence qui se tint entre puissances alliées dans la petite bourgade de Bretton Woods, au beau milieu de nulle part, en juillet 1944. Mesure des activités marchandes monétisables, indicateur de référence de la croissance économique et du niveau de vie, le PIB est devenu au fil des décennies l'étalon suprême de la réussite des nations, précis, robuste et comparable.

Mais le PIB, comme les indicateurs économiques conventionnels dont il est l'étendard, perd à grande vitesse sa pertinence dans notre début de XXIe siècle pour trois raisons fondamentales. Tout d'abord, la croissance économique, si forte dans les décennies d'après guerre (1945-1975), se dissipe peu à peu dans les pays développés et devient en conséquence un objet de poursuite de plus en plus vain pour les politiques publiques. Ensuite, le bien-être objectif et subjectif – c'est-à-dire ce qui fait que la vie vaut la peine d'être vécue – est de plus en plus déconnecté de la croissance économique. Enfin, le PIB ne nous dit rien de la soutenabilité environnementale, c'est-à-dire de la compatibilité entre notre bien-être d'aujourd'hui et la vitalité à long terme des écosystèmes dont il dépend en dernier ressort, alors que c'est à coup sûr l'enjeu majeur de notre siècle.

Pour ces trois raisons, partout dans le monde, des chercheurs[1] et responsables politiques reconnaissent en nombre croissant que les indicateurs économiques standard qui orientent encore le débat public sont à la fois des horizons trompeurs et des boussoles faussées. En tentant de mesurer le bien-être, ils s'efforcent de cerner les véritables déterminants de la prospérité humaine, au-delà des seules conditions matérielles et notamment de la production nationale et du revenu des personnes. En assemblant les éléments de la soutenabilité (c'est-à-dire du bien-être dynamique), ils se livrent à une tâche encore plus ardue consistant à comprendre à quelles conditions le développement humain peut se projeter et se maintenir dans le temps, sous une contrainte écologique de plus en plus forte.

Cet effort de compréhension importe pour deux raisons essentielles : parce que la non-mesurabilité induit l'invisibilité (ce qui n'est pas compté ne compte pas) ; parce qu'à l'inverse, mesurer, c'est gouverner : nos indicateurs déterminent nos politiques, rarement pour le meilleur. Ouvrir l'éventail du bien-être humain, c'est se donner les moyens de surmonter les arbitrages à courte vue entre l'économique, le social et l'environnemental. Encastrer le développement humain dans le développement soutenable, c'est éviter une forme d'autodestruction aveugle. Mais comment prendre la pleine mesure de notre nouveau monde économique ?

1. Dans le monde francophone, saluons les travaux précurseurs et nourris de Dominique Méda, Florence Jany-Catrice, Jean Gadrey et Isabelle Cassiers qui voient et écrivent juste sur les limites du PIB et l'étroitesse de l'horizon de la croissance économique depuis de nombreuses années.

Éviter le divorce démocratique

Partons de la situation actuelle : la croissance économique mesurée par le PIB paraît, à quelques soubresauts près, s'épuiser depuis l'an 2000 en France, en Europe et dans bon nombre de pays développés et même émergents. Un débat, parti comme souvent des États-Unis, s'est récemment ouvert sur les causes de cette atrophie. On y retrouve des hypothèses déjà avancées au début des années 1990 (affaiblissement de l'innovation, erreurs de politique économique aux effets durables, mondialisation appauvrissante, robotisation dévoreuse d'emploi) et des prédictions plus ou moins alarmistes sur le destin tragique de l'Occident dans un monde qu'il ne domine plus autant qu'auparavant. Ces débats sont en partie intéressants, mais ils font l'impasse sur l'enjeu fondamental : que la croissance économique revienne ou pas, elle n'est synonyme ni de bien-être des personnes ni de soutenabilité des sociétés.

À vrai dire, la croissance économique *est* revenue en Europe et plus encore aux États-Unis depuis l'année 2010. Elle s'y traduit par une « reprise invisible » pour les citoyens, dont la réalité quotidienne est à cent lieues de l'optimisme officiel. Le fossé entre les décideurs politiques et leurs électeurs sur l'état réel de l'économie est tellement béant qu'il semble désormais y avoir deux univers parallèles qui s'ignorent mutuellement. En Europe, la croissance molle masque mal une régression sociale dure, notamment en France, où le niveau de vie baisse désormais inexorablement, inversant une tendance vieille de quarante ans. Aux États-Unis, une fois déflatée de la finance et des inégalités de revenu, la mirifique mais très récente expansion économique se révèle nulle pour 99 % de la population. Richesse des nations, pauvreté des peuples…

À l'inverse, l'effondrement de la richesse économique, aussi important soit-il, ne peut traduire la brutalité de la destruction civilisationnelle infligée à la Grèce, dans le contexte de la crise européenne, au nom de la « discipline budgétaire[1] ».

Et, pendant ce temps-là, le changement climatique, les atteintes à la biodiversité et la dégradation des écosystèmes entament chaque jour un peu plus, dans la méconnaissance générale, notre qualité de vie future et celle de ceux qui nous suivront.

Pour toutes ces raisons, nous savons déjà que le « retour de la croissance », que l'on annonce en France pour 2015 et 2016, sera une attente déçue. L'enjeu n'est donc pas de tenter de forcer l'allure en alimentant une chaudière poussive au besoin en désossant la coque de notre navire mais de se doter d'une boussole fiable pour éviter le naufrage et naviguer aussi paisiblement que possible sur les eaux du nouveau monde économique. Les indicateurs de bien-être et de soutenabilité, qui visent à aller « au-delà du PIB » (c'est-à-dire au-delà des mesures, des modèles et des analyses économiques standard), sont parfois perçus ou caricaturés comme d'amusants gadgets. Ils sont bien plus que cela : ce sont des vecteurs de transition et des viatiques démocratiques. La mesure précise et pertinente du bien-être et de la soutenabilité est en effet une dimension essentielle de la qualité du débat public.

Car l'écart entre le discours politique et l'expérience quotidienne des citoyens est un poison pour la démocratie. Gouvernants et gouvernés ne parlent plus la même langue et divorcent sur la réalité, tandis que la puissance publique se masque à elle-même la société en concentrant son attention sur des objectifs intermédiaires tels que le déficit budgétaire, qui, circonstance aggravante, est calculé dans le cadre étroit du débat européen en pourcentage du PIB. L'objectif intermédiaire, ici le respect d'un critère de finances publiques, entrave l'atteinte des objectifs finaux, au premier rang desquels l'emploi. L'Europe semble avoir oublié que la question

1. Le PIB a certes baissé de 25 % en Grèce depuis 2009, mais le recul des indicateurs de santé (baisse de l'espérance de vie, hausse des suicides, hausse de la mortalité infantile, asphyxie financière du système public de soins, etc.) est beaucoup plus préoccupant encore pour l'avenir de la population grecque.

n'est pas de savoir comment va le déficit budgétaire mais comment vont les gens !

L'usage raisonné des indicateurs de bien-être et de soutenabilité permet en outre de comprendre des réalités que l'on attribue trop souvent, par paresse intellectuelle ou mépris, à l'irrationalité, voire à l'illettrisme économique des citoyens. « Les Français ne comprennent pas l'économie », entend-on, « c'est pour cela qu'ils ne sentent pas la reprise et s'opposent aux réformes ». Et si c'était exactement le contraire ? Si les Français comprenaient trop bien l'économie ? Déchiffrer le nouveau monde économique à l'aide des bons indicateurs, c'est aussi décoder des comportements et des attitudes en apparence incompréhensibles, comme le pessimisme ou la défiance. « Mesurer pour comprendre » : la devise de l'Institut national de la statistique et des études économiques (INSEE) n'a jamais été aussi pertinente.

Plus encore, ces indicateurs, anciens et nouveaux, sont de véritables marqueurs de civilisation, ils nous renseignent sur ce que nous faisons dans le monde et au monde. Ils nous éclairent sur nos moyens et nous invitent à interroger nos fins. Ils nous dévoilent notre qualité de vie et nous alertent sur son devenir. Les indicateurs économiques conventionnels (comme le PIB) peuvent être utiles pour comprendre une partie de ces réalités, mais cette partie est bien trop limitée et se réduit comme peau de chagrin à mesure que montent en puissance les défis écologiques. Si le réel est ce qui se mesure, alors il y a davantage de réalisme à évaluer correctement les crises écologiques et leur impact sur le bien-être humain qu'à s'enfermer dans la démesure d'un développement économique aveugle à ses échanges avec une biosphère dont il dépend en dernier ressort.

On connaît les critiques classiques adressées au PIB qui découlent de sa dénomination même : le « produit » « intérieur » « brut » ne reflète que les échanges marchands et monétaires[1] considérés dans

1. Et les services produits à partir de facteurs marchands, tels que l'éducation et la santé.

le cadre désormais trop étroit des frontières nationales sans que soit prise en compte la dépréciation des structures de production (le capital). On peut donc, en corrigeant ces trois défauts existentiels, améliorer le PIB. Mais le véritable enjeu consiste à le dépasser, dans trois directions.

« En deçà du PIB » émergent les déterminants profonds du développement humain qui sous-tendent l'accumulation quantitative des facteurs de production et l'amélioration qualitative de leur assemblage nécessaires à l'accroissement du niveau de la production et du revenu par habitant. Les institutions, la géographie physique, l'ouverture internationale se combinent depuis des siècles sous toutes les latitudes pour ouvrir ou fermer l'éventail des possibles du développement. De ces déterminants profonds dépend la possibilité de l'expansion économique, c'est donc sur eux qu'il faut concentrer l'attention et non sur la dimension superficielle qu'est la « croissance ». Une distinction importante apparaît ici entre les composantes du bien-être (revenu, sécurité, santé, etc.) et ses déterminants (apparents et profonds).

« À côté du PIB » prospère ou non le bien-être humain qui dépend bien plus de la santé et de l'éducation que de l'accumulation du revenu et qui n'y est pas réductible. L'idée que la croissance économique représente le développement au sens où elle constituerait un bon condensé de toutes les dimensions du bien-être humain est tout simplement fausse. Le PIB n'est pas une métonymie du développement humain, c'est souvent son antonyme. Dès lors, augmenter la croissance du PIB ne suffit pas à se développer humainement, il y faut des politiques spécifiques qui se donnent pour objet direct l'éducation, la santé, les conditions environnementales ou encore la qualité démocratique. Sans la considération de cette pluralité du bien-être, une dimension, généralement la dimension économique, s'impose aux autres et les écrase, mutilant le développement humain.

« Au-delà du PIB » se dessine l'enjeu écologique : que nous importe un taux de croissance de 10 % du PIB si les écosystèmes, l'eau et l'air qui sous-tendent notre bien-être, sont ravagés en deux ou trois décennies ? Que nous importe la croissance si la vie même devient impossible ? Ou pour le dire avec les mots du ministre de l'Environnement chinois Zhou Shengxian en 2011 : « Si notre terre est dévastée et que notre santé est anéantie, quel bienfait nous procure notre développement ? » C'est la soutenabilité de nos systèmes économiques et politiques qui est ici en question, eux qui n'existent que parce qu'ils sont contenus dans un plus vaste ensemble qu'est la biosphère, dont la vitalité est la source de leur perpétuation. Si les crises écologiques ne sont pas mesurées et maîtrisées, elles finiront par balayer le bien-être humain. L'économie du XXe siècle peut anéantir la soutenabilité du XXIe siècle.

Évaluer pour évoluer

Ce nouveau monde économique est assurément plein de défis passionnants mais il n'est pas exempt de périls. Le premier risque consiste à alimenter la confusion ambiante de nos « data-craties », où l'on voit des tonnes de données déversées sans explication ni critique dans un débat public qui les instrumentalise pour servir les pouvoirs du moment. Dans le monde politique comme dans celui des idées, nous vivons sous l'emprise d'un nouvel ordre empirique : la fin des idéologies a coïncidé avec l'avènement de la numérologie.

Les nombres, nous dit-on, ne mentent pas. Mais rien n'est plus trompeur que le terme de « donnée » qui laisse entendre que les chiffres poussent sur les arbres et se ramassent à la pelle. Une « donnée » est en réalité une construction sociale faite de choix et de méthodes, dont chaque aspect est discutable. Il n'existe donc pas de donnée immaculée ou incontestable. En revanche il devrait exister une éthique empirique[1]. En tentant d'appréhender le bien-être et la

1. Cette éthique empirique doit être prolongée par une éthique graphique, tant il est vrai que chaque graphique est une construction humaine qui rapporte plus ou moins fidèlement un chiffre ou une série de chiffres à un ordre de grandeur visuel.

soutenabilité, il ne s'agit pas pour nous de quantifier aveuglément mais d'essayer de qualifier consciemment, de donner du sens et de révéler la valeur. Sans ignorer que l'économie peut abîmer le monde.

Le second risque est que la considération portée à ce nouveau réel fasse office d'écran de fumée ou de ligne de fuite par rapport à une crise économique dont on ne parvient pas à s'extraire : puisque nous ne pouvons plus changer le monde, il resterait simplement à le décrire. C'est pourquoi les indicateurs de bien-être et de soutenabilité doivent entrer dans un nouvel âge, performatif : mesurer pour comprendre, assurément, mais aussi et surtout mesurer pour changer. Évaluer pour évoluer. Car le changement politique qu'appellent ces nouvelles visions du monde économique est considérable. Si, comme le laissent penser certains indicateurs de richesse globale, le capital humain (santé et éducation) représente trois fois plus en proportion dans la richesse des pays développés que le capital manufacturé (usines, machines), alors la santé et l'éducation sont des investissements qu'il faut soutenir ardemment et pas des dépenses qu'il faudrait à tout prix réduire. Il en va de même du capital naturel (climat, écosystèmes, biodiversité) ou du capital social (institutions, confiance) qu'il importe de préserver et d'entretenir au besoin en sacrifiant une part de croissance économique, alors que nous faisons exactement l'inverse !

L'économie, telle que nous la comprenons, est la discipline de la mesure de ce qui compte vraiment pour les humains. Le premier objectif de ce livre est de rendre compte du foisonnement des indicateurs de bien-être et de soutenabilité et d'y mettre bon ordre pour soumettre à la réflexion du lecteur les meilleurs et les plus robustes d'entre eux, capables de nous éclairer sur la complexité et la richesse du développement des sociétés contemporaines. Nous ne

---

Edward Tufte, de l'Université Yale, milite depuis de nombreuses années pour que quelques grands principes graphiques soient respectés dans les médias : montrer les données, dire autant que possible la vérité, aider le lecteur à réfléchir à l'information transmise par le graphique et non son apparence, encourager l'œil à comparer les données, rendre de larges séries de données cohérentes.

nous interdirons pas au demeurant de souligner les limites, voire les dangers de certains indicateurs qui, pour être alternatifs, n'en sont pas moins soumis à la critique de la raison. Mais l'économie est aussi la discipline de l'incitation, qui vise à façonner les comportements et parfois même les attitudes et les valeurs.

Le second objectif de ce livre est précisément de montrer comment ces nouveaux indicateurs peuvent conduire à de nouvelles politiques et de nouvelles pratiques dans tous les pays et à tous les niveaux de gouvernement, des institutions régionales comme l'Union européenne à l'échelon des territoires et des villes, des politiques publiques nationales aux organisations et aux entreprises. On verra, chemin faisant, que la révolution du bien-être et de la soutenabilité est déjà en marche.

Notre ouvrage entend accompagner le lecteur de la compréhension des indicateurs les plus simples et les plus proches du bien-être économique jusqu'à la frontière de la recherche actuelle sur la soutenabilité globale et la richesse véritable. Il commence au plus près des indicateurs économiques standard pour montrer comment des notions aussi usuelles que le revenu ou l'emploi induisent des perspectives radicalement différentes de la « croissance » (du PIB). Nous passons ensuite à des sujets plus « exotiques » afin d'élargir la compréhension du bien-être et d'y intégrer des indicateurs de développement humain objectifs et subjectifs (santé, éducation, bonheur, usage du temps). Nous concluons la première partie en élargissant encore la focale pour faire place à la confiance et aux institutions, ayant évolué du bien-être individuel vers le bien-être collectif.

Dans la deuxième partie, nous mettons le bien-être humain en mouvement, afin de montrer à quelles conditions écologiques il peut se perpétuer. Le chapitre 9 plante le décor de notre prospérité (les limites de la planète), tandis que le chapitre 10 montre comment la sphère économique est contenue dans la biosphère et interagit avec elle (analyse des flux de matière). Le chapitre 11 relie le développement humain collectif à la préservation des écosystèmes (indicateurs de performance environnementale). Les chapitres 12 et 13, présentant les indicateurs de soutenabilité globale, nous conduisent à la frontière des connaissances actuelles, là où s'élaborent des instruments, encore inaboutis, qui permettent de penser ensemble bien-être et soutenabilité. Le plan du livre est résumé à la figure 1 à l'image d'une focale qui s'élargit progressivement et dont le PIB ne saisit qu'une toute petite partie[1].

Figure 1. Du bien-être individuel à la soutenabilité collective

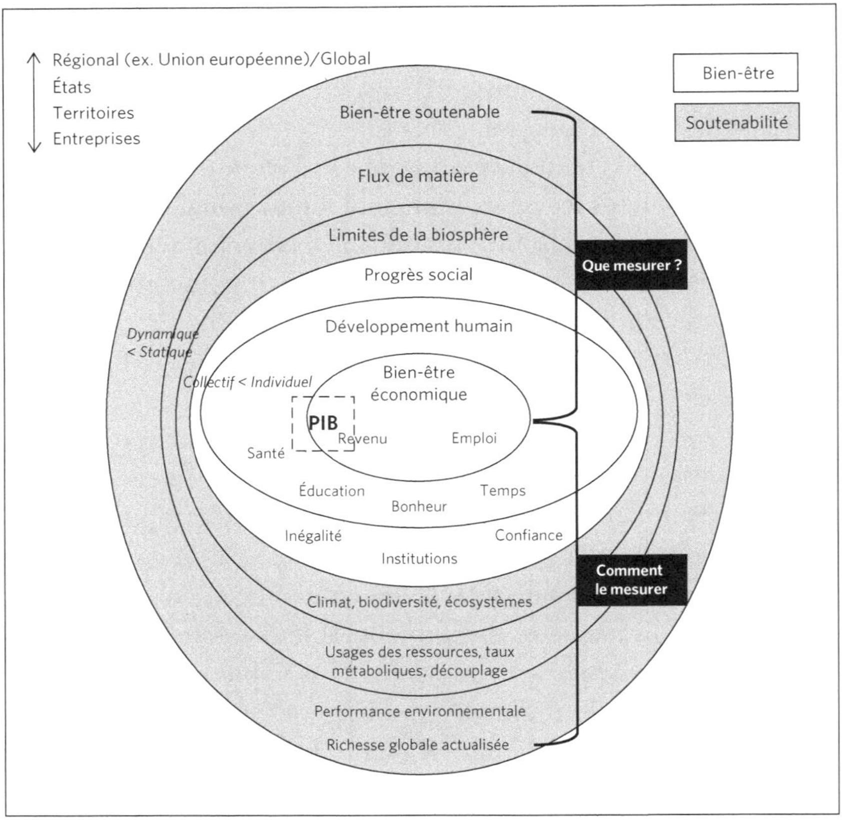

1. Certaines dimensions importantes du bien-être ne sont pas, faute de place et de temps, abordées dans cet ouvrage, ou seulement indirectement, telles que le logement ou la sécurité physique.

Dans chaque chapitre, différents indicateurs de bien-être ou de soutenabilité sont présentés et expliqués, par ordre croissant de complexité et en insistant à chaque fois sur ce qu'ils apportent de plus que les indicateurs économiques standard et sur les relations qu'ils entretiennent avec eux (par exemple la relation entre le bonheur et le revenu). Le choix retenu ici n'est pas de passer en revue et de discuter des indicateurs composites ou des tableaux de bord existants mais de mettre en lumière les composantes du bien-être et de la soutenabilité, qui, à l'image de pièces de Lego, peuvent être assemblées par le lecteur pour se construire sa propre boussole qui lui servira, nous l'espérons, à trouver *son* chemin dans le nouveau monde économique.

Les trois derniers chapitres (14, 15 et 16) montrent à partir d'exemples concrets comment passer des indicateurs aux politiques, en se concentrant sur trois enjeux majeurs : le rapport entre les mesures et les valeurs, le recours à la pluralité de la démocratie pour engager les citoyens dans la transition du bien-être et de la soutenabilité et enfin le rôle central des territoires.

Un dernier mot enfin, par anticipation, aux sceptiques que les indicateurs de bien-être et de soutenabilité intriguent mais découragent dans le même temps, tant il est leur paraît impossible de modifier autrement qu'à la marge ce que l'on pourrait appeler le système de navigation des sociétés contemporaines. Nous leur disons que beaucoup de ces indicateurs existent déjà mais qu'ils attendent d'être utilisés, l'effort qui est devant nous n'est donc pas tant de conception que d'usage. Compter c'est parfois tout simplement se rendre compte, voir ce qui est là mais, pour la première fois, le regarder pour s'en saisir.

PARTIE 1

Le bien-être

CHAPITRE 1

Gagner sa vie (le revenu)

Il est particulièrement intéressant de se lancer à l'abordage de la vaste et pour tout dire océanique question du bien-être humain en partant des instruments de mesure les plus simples du bien-être économique des individus, à commencer par leur revenu. On perçoit alors immédiatement à quel point le PIB, indicateur de référence des conditions matérielles d'existence dans le débat public, peut donner une image faussée de la réalité économique. À l'inverse, la connaissance et l'usage des indicateurs de revenu, du plus élémentaire au plus sophistiqué, peuvent considérablement éclairer le monde économique contemporain, renseigner sur sa complexité et orienter les décideurs vers des politiques publiques judicieuses.

Distinguer PIB et revenu, ce n'est pas seulement remarquer, comme on l'a fait dans l'introduction, que le « produit » « intérieur » « brut » n'est par construction ni « non marchand[1] », ni « national », ni « net ». C'est, plus fondamentalement encore, établir une distinction entre la production de richesses et leur répartition effective entre les membres de la société.

Mesurer le revenu, c'est évaluer le « revenu des ménages », c'est-à-dire le revenu qui leur parvient effectivement au terme du

1. Voir à ce sujet la note 3.

processus de création de richesse économique (la production). Le grand partage social de la richesse commence entre salaires et profits (c'est-à-dire entre entreprises et individus), la part revenant respectivement aux uns et aux autres étant une première indication de la répartition du bien-être économique. Ainsi, on mesure que la part des salaires dans la valeur ajoutée créée par l'économie française est passée d'environ 75 % au début des années 1980 à environ 65 % à la fin des années 2000. Une fois cette première distinction opérée, on peut affiner encore le diagnostic en mesurant dans l'ensemble des profits réalisés la part qui revient à la finance, représentée par la distribution de dividendes des entreprises à leurs actionnaires. On constate alors que cette part, qui était en France de l'ordre de 30 % au début des années 1980, atteint près de 80 % au début des années 2010.

À l'aide de deux indicateurs simples de partage du revenu, on peut ainsi mettre en lumière deux évolutions majeures de l'économie française au cours des trois dernières décennies que masque la seule considération du PIB et de sa croissance sur la période : le recul marqué de la part qui revient aux salariés dans la valeur ajoutée et la financiarisation aiguë de l'économie.

Le revenu est donc bien ce qui parvient effectivement aux ménages au terme d'un processus de création et de partage qui n'est pas sans rappeler le sort du fabuleux marlin raconté dans *Le Vieil Homme et la mer* : le poisson qui sera effectivement consommé par les ménages aura été amputé, au fil du voyage de retour, de la part des entreprises gonflée par la pression croissante de la finance.

Le revenu et le PIB, deux visions du développement économique

Mais y a-t-il vraiment une différence entre la mesure du développement économique à partir du PIB, des profits des entreprises, de la progression des marchés financiers et du revenu des ménages ? Ne peut-on dire que ces grandeurs, sans être parfaitement identiques, évoluent dans le même sens ? La réponse est négative, et elle l'est d'autant plus dans la période actuelle. Un détour par les derniers chiffres de l'économie américaine permet de s'en convaincre.

Graphique 1. La « reprise américaine » : évolution en % depuis 2009

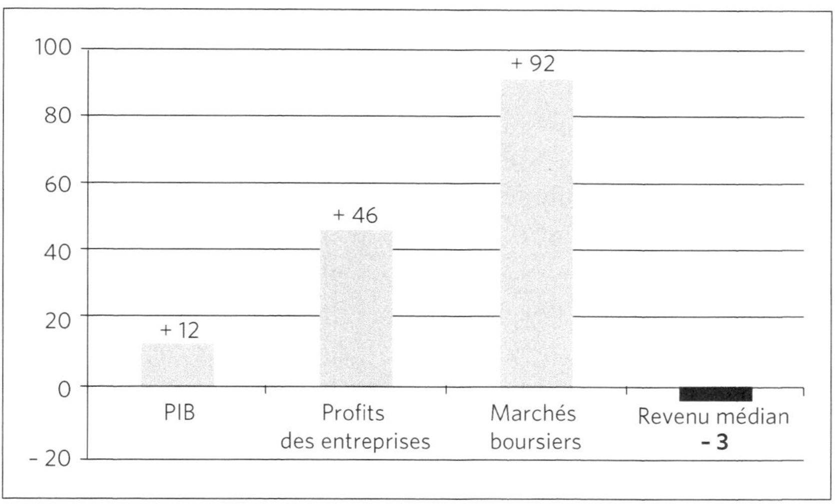

*Source : Gouvernement américain/*The New York Times.

Qu'apprend-on lorsque l'on utilise le revenu des ménages plutôt que la croissance du PIB comme indicateur de bien-être matériel des Américains dans la période récente ? On apprend d'abord que la « reprise économique » dont parle à loisir le président Barack Obama depuis 2010, en se fondant sur les chiffres de la production, des profits et des marchés boursiers, n'existe pas pour la très grande majorité des ménages américains. La « reprise » américaine s'est certes traduite par une croissance de la production, une envolée des profits des entreprises et une explosion des indices boursiers mais elle équivaut à une régression sociale pour la majorité des ménages (voir graphique 1).

Ce graphique explique très bien l'incompréhension qui s'est installée entre les citoyens américains et leurs dirigeants au cours des cinq dernières années et le malaise démocratique qui en est résulté : les uns parlent PIB, et vantent la croissance revenue, les autres parlent revenu, et se lamentent de la croissance perdue, dans un dialogue de sourds.

On notera que l'indicateur utilisé ici est le revenu médian, celui qui divise la population entre les 50 % qui gagnent davantage et les 50 % qui gagnent moins. C'est une mesure bien plus pertinente pour mesurer le revenu des ménages que la division du PIB par le nombre d'habitants (aussi appelée PIB par tête), qui n'est qu'une mesure moyenne de la production revenant en théorie à chaque habitant (une plaisanterie bien connue veut que lorsque le milliardaire Bill Gates entre dans un bar, tout le monde y devienne millionnaire « en moyenne »...). Qui plus est, cet indicateur économique ouvre la réflexion sur un autre horizon : l'inégalité de revenu entre les ménages.

Les données disponibles sur les États-Unis sont tout à fait claires à ce sujet : la régression du revenu des ménages résulte autant de la part de la richesse revenant aux entreprises et captée par la finance que de celle qui est accaparée par les plus hauts revenus. L'économiste français de l'Université de Berkeley Emmanuel Saez a montré que, depuis la reprise de la croissance du PIB en 2010, 90 % des gains de revenu ont été captés par le 1 % supérieur de la distribution des revenus. Autrement dit, la « reprise » économique est un mirage pour 99 % des citoyens américains, qui n'ont vu leur revenu augmenter que de 0,8 % entre 2009 et 2012 tandis que les revenus du 1 % les plus riches augmentaient d'environ 35 % dans le même temps (soit 45 fois plus). Il s'agit là, pour les États-Unis, de la reprise économique la plus inégalitaire depuis que les statistiques économiques modernes existent (c'est-à-dire depuis environ un siècle).

La croissance du PIB américain ne nous dit rien de ces phénomènes d'inégalité pourtant absolument essentiels pour comprendre non seulement la situation économique mais aussi la dynamique politique contemporaine des États-Unis. Ainsi, la cote de « popularité économique » du président Obama, celle qui mesure l'adhésion des citoyens à la politique économique suivie par le président et qui fait une part décisive de sa popularité globale, a suivi l'évolution du revenu des ménages et pas celle du PIB. Les données de l'Institut Gallup permettent en effet de voir qu'alors que le PIB américain se redresse dès l'année 2010, la cote de popularité de Barack Obama, fortement influencée par la confiance placée en lui pour sortir l'économie de la crise, chute encore en 2010 et 2011 et ne commence à timidement se reprendre qu'à partir de 2012, épousant la courbe du revenu des ménages américains. Cette déconnexion entre la réalité vécue par les ménages américains et un discours optimiste sur l'état de l'économie fondé sur l'évolution du PIB, caractéristique des années 2010 et 2011, explique en partie le malentendu des élections de mi-mandat de l'automne 2014, remportées par l'opposition républicaine. Comme quoi le PIB peut faire perdre les élections...

Comprendre la crise française

Mais il y a bien plus à comprendre encore en suivant le fil des indicateurs de revenu. La situation européenne et française reflète un écart similaire entre évolution du PIB et évolution du revenu : le PIB reprend sa progression dans la zone euro à partir de 2010 alors même que le revenu des ménages commence à s'affaisser, ouvrant de ce côté-ci de l'Atlantique le même océan d'incompréhension entre gouvernants et gouvernés. Mais les données européennes nous invitent à une décomposition plus fine des éléments qui forment le revenu des ménages, celui-ci comprenant au moins trois composantes principales : le revenu tiré des activités marchandes ou « revenu marchand » (subsistance tirée du travail et du capital), les impôts et cotisations versés et enfin les prestations sociales perçues. Le revenu des ménages ne se limite donc pas au revenu marchand mais est correctement mesuré par le « revenu disponible brut » : c'est le revenu marchand dont on soustrait les prélèvements et auquel on ajoute les prestations. Cette décomposition, qui peut sembler technique au premier abord, s'avère extrêmement précieuse pour comprendre les mécanismes à l'œuvre dans la crise économique déclenchée en 2009 et qui se prolonge encore en Europe.

L'OCDE (Organisation pour la coopération et le développement économiques) a ainsi procédé à une décomposition du revenu des ménages dans les 35 pays les plus riches de la planète pour les années 2007 à 2011 qui montre que si le revenu marchand a diminué de 1,3 % par an en moyenne chaque année au cours de cette période, l'effet positif de la fiscalité et des transferts sociaux a amorti ce choc à hauteur de 0,9 %, pour une baisse du revenu disponible de seulement 0,4 % par an pour les ménages. En clair, le système fiscal et social a divisé par trois l'impact de la crise pour les ménages, un phénomène invisible sans cette décomposition statistique. Arrêtons-nous un instant sur le rôle de la fiscalité, dont on pourrait croire qu'elle joue contre le revenu : en réalité, lorsque le revenu marchand diminue, la fiscalité qui pèse sur lui diminue aussi mécaniquement, assurant un effet de « stabilisation automatique » de l'activité économique (un ralentissement de l'activité se traduit par un allègement des prélèvements), effet que l'on voit parfaitement à l'œuvre grâce aux données de l'OCDE.

Or cet effet de compensation fiscale ne se retrouve pas dans le cas de la France. Une décomposition du revenu des ménages français entre les années 2010 et 2013 montre une perte totale de revenu de plus de 1 600 euros, qui s'explique par une baisse du revenu marchand d'environ 1 000 euros, une hausse des prestations sociales d'environ 350 euros et une *hausse* de la fiscalité d'environ 950 euros. Trois effets se cumulent donc ici : la crise économique qui se poursuit et explique la perte du revenu marchand, le soutien de l'État providence qui vient compenser cette baisse du marché et la politique d'austérité qui s'est traduite par une hausse de la fiscalité. Le tout conduit à une baisse importante du revenu des Français (voir graphique 2). Alors même que, pendant la période 2010-2013, le PIB affiche une progression de 1,2 % en moyenne...

Graphique 2. Évolution du revenu des Français entre 2010 et 2013, en euros

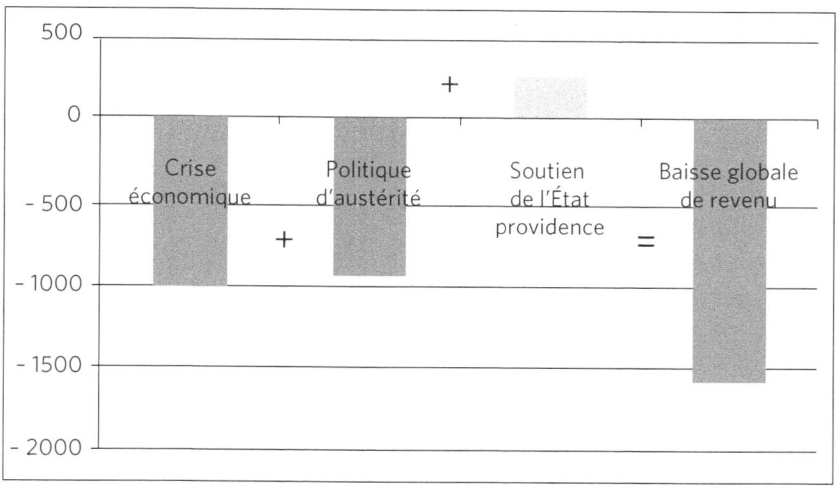

Source : Mathieu Plane/OFCE.

La décomposition du revenu nous a éclairés à la fois sur l'utilité de l'État providence et la nocivité des politiques d'austérité, qui aggravent les mécanismes de marché au lieu de les corriger. La notion de « niveau de vie », souvent identifiée au revenu disponible, nous permet de progresser encore dans la compréhension de la situation réelle des personnes en situation de fragilité sociale du fait de la crise économique. Il importe en effet de prendre en considération au moins deux éléments nouveaux pour apprécier à sa juste mesure la situation réelle des Français et passer du revenu disponible brut au niveau de vie, qui est le revenu tel qu'il est vécu par les personnes.

Le premier élément, très conventionnel, est l'inflation c'est-à-dire le niveau des prix, qui permet de passer du revenu disponible brut au « pouvoir d'achat » (on retranche du revenu disponible brut le niveau des prix pour obtenir un revenu disponible « net » de l'inflation, qui se confond alors avec la consommation de biens et de services). L'année 2012 est particulièrement frappante de ce point de vue. Selon les données de l'INSEE, l'inflation y était de 1,4 %, de sorte que le pouvoir d'achat a reculé de 0,9 % du fait d'un revenu qui n'a progressé que de 0,5 % (0,9 % - 1,4 % = - 0,5 %). Les ménages français se trouvent déjà en 2012, du fait de ces évolutions, en situation objective de régression sociale : leur niveau de vie baisse. Mais un deuxième élément aggravant intervient ici : une partie des dépenses des ménages sont dites « contraintes » ou « préengagées », les ménages doivent s'en acquitter obligatoirement chaque mois avant même de songer à des choix de dépenses. C'est notamment le cas du logement (loyer ou emprunt) ou encore des abonnements de téléphonie, souvent prélevés directement sur les comptes bancaires et donc retirés *de facto* du revenu chaque mois. Ces dépenses représentent en moyenne 30 % du budget des Français (avec de fortes inégalités selon le niveau de revenu) et leur part a doublé au cours des dernières décennies, sous l'effet de la hausse des dépenses de logement.

Une fois cet élément pris en considération, le niveau de vie des ménages apparaît encore plus faible en 2012 : il recule de 2,3 %. La croissance du PIB indique pourtant une progression de 0,4 %. L'écart entre l'indicateur de référence du débat public et celui qui mesure le revenu vécu des Français s'établit à près de trois points de pourcentage, la différence entre une croissance faible et une récession profonde ! Comment s'étonner dans ces conditions du malaise démocratique français ? On mesure l'écart qui se forme entre un discours politique fondé sur les chiffres de la croissance du PIB et la réalité quotidienne des citoyens. Nul doute que l'aveuglement économique des responsables publics contribue grandement en France à la défiance politique.

Certes, on imagine mal un chef de parti ou un Premier ministre promettre d'augmenter le « pouvoir d'achat non contraint des ménages », mais les réalités économiques qui se cachent derrière ces termes statistiques sont parfaitement compréhensibles des citoyens pour la simple et bonne raison qu'ils les vivent au jour le jour. Tout le monde sait ce que payer une dépense contrainte veut dire, alors que personne n'a jamais rencontré le PIB. L'aveuglement économique des responsables politiques est d'autant plus grave qu'augmenter la croissance du PIB ne garantit pas d'augmenter le revenu vécu des ménages, contraint en particulier par les dépenses de logement qui même dans l'hypothèse d'une reprise de la production pourraient augmenter encore (du fait d'une hausse des loyers ou des taux d'intérêt appliqués aux prêts immobiliers). Utiliser de mauvais indicateurs économiques, c'est courir le risque de parler à ses concitoyens dans une langue étrangère. C'est aussi se bercer d'illusions sur la situation réelle d'un pays.

D'ailleurs, la considération accordée non pas seulement à la richesse globale d'un pays mesurée par le PIB mais à la répartition réelle du revenu entre ses citoyens conduit à repenser la hiérarchie des nations. Des données récentes s'attachent ainsi non pas à la comparaison internationale du PIB par habitant des pays les plus riches mais au bien-être économique de leur classe moyenne, appréhendé par l'indicateur de revenu médian disponible (après impôts et transferts sociaux). On cumule ici deux raffinements statistiques qui permettent de prendre la mesure de deux phénomènes importants : le revenu médian est un indice du degré d'inégalités sociales tandis que son caractère disponible donne une idée de l'ampleur des politiques de redistribution (le marché distribue dans un premier temps les richesses économiques de manière plus ou moins équitable, la puissance publique les redistribue ensuite selon les choix démocratiques des citoyens). Il s'avère alors que si la classe moyenne américaine a été depuis les années 1980 la plus riche du monde, elle a été rejointe au début des années 2010 par la classe moyenne canadienne et se trouve à présent talonnée par la norvégienne et la hollandaise, du fait de la stagnation sociale que connaît le pays depuis trente ans Les États-Unis ne sont plus seuls au sommet du monde économique. Conclusion étonnante : si les dirigeants américains veulent reconquérir la place de première puissance mondiale en termes de revenu par habitant, il leur faudra réduire les inégalités !

Les indicateurs de revenu jouent ici un rôle capital qui consiste à orienter la décision politique en la guidant vers les causes profondes du malaise social, en mesurant la réalité au plus près des perceptions des personnes. Pour autant, ces perceptions peuvent elles-mêmes jouer des tours aux citoyens.

La compréhension des « bons » indicateurs du bien-être économique est à vrai dire également un défi pour les citoyens eux-mêmes qui se trompent parfois sur la réalité de la répartition du revenu. Le « revenu vécu » peut alors devenir un obstacle à la mise en place de politiques publiques plus justes. Une étude américaine récente[1] montre à cet égard l'ampleur de l'écart qui peut se former entre trois grandeurs : l'inégalité de revenu perçue, l'inégalité de revenu désirée et l'inégalité de revenu constatée. Une réalité troublante se fait jour : les citoyens américains sont plutôt d'inclination redistributive, et souhaiteraient que 30 % des revenus aillent aux 20 % les plus riches tandis que 10 % iraient aux 20 % les plus pauvres. Réalistes sur l'écart entre leurs désirs et la réalité, ils croient que dans les faits 60 % des revenus vont aux 20 % les plus riches et 2 % aux 20 % les plus pauvres. En fait, ce sont 85 % des

1. Dan Ariely et Michael Norton, « Building a better America. One wealth quintile at a time », *Perspectives on Psychological Science*, 2011, 6, p. 9-12.

revenus américains qui sont possédés par les 20 % les plus riches tandis que les 80 % restant se partagent 15 % du total (les 20 % les plus pauvres possédant une part microscopique, proche de 0, de l'ensemble des revenus générés par l'économie américaine). Cette méconnaissance conforte une situation d'inégalité qui est pourtant contraire aux souhaits des citoyens. La première politique de lutte contre les inégalités est donc la diffusion des bons indicateurs qui doivent guider les citoyens vers les bons choix de responsables publics.

Quelle mobilité sociale ?

Mais ce n'est que la première étape. La question plus profonde est celle des déterminants du revenu (et de l'inégalité de sa répartition). On s'intéresse alors non pas seulement aux indicateurs conséquentialistes (comme l'écart entre les 10 % les plus riches et les 10 % les plus pauvres) mais aux indicateurs causaux (les déterminants qui expliquent que cet écart est faible ou important). La recherche sur cette question connaît ces dernières années des progrès importants et l'on est à présent capable de distinguer non seulement différentes composantes du revenu mais aussi différents déterminants dans la formation de ces composantes, tels que le commerce international, les politiques d'emploi, les structures familiales, l'efficacité du système fiscal et social, etc. Ces différents éléments dessinent des « profils d'inégalité » de revenu nationaux et la mesure de leur influence respective permet d'agir sur les bons leviers politiques et institutionnels. On ne saurait trop insister à ce sujet sur l'importance de raisonner en la matière de manière dynamique.

La crise actuelle des inégalités de revenu aux États-Unis et dans de très nombreux pays du monde développé comme émergent, place au centre du débat la reproduction des privilèges de génération en génération, de sorte que l'inégalité sociale ressemble à une mécanique autoentretenue qu'aucune politique ne semble pouvoir arrêter. Pour percevoir ce problème et le danger que pose l'émergence de sociétés dynastiques qui minent progressivement la démocratie et son principe méritocratique, il importe de passer du revenu statique au revenu dynamique, ce dernier pouvant prendre deux formes principales. La première, bien connue, est la notion de richesse ou de patrimoine, qui traduit, au-delà du flux annuel de revenu, le stock accumulé au fil des années (la différence entre un salaire mensuel et un compte d'épargne). La seconde forme de revenu dynamique est encore plus intéressante car plus novatrice du point de vue de la mesure : il s'agit de la notion de mobilité sociale.

L'idée est d'évaluer la possibilité pour un individu non pas d'obtenir un certain niveau de revenu à un moment donné du temps mais de progresser dans l'échelle des revenus au fil du temps. On mesurera par exemple la probabilité pour un individu dans un pays donné de passer de la catégorie des 20 % les plus pauvres à celle des 20 % les plus riches en une génération au cours de laquelle l'individu s'éduque et travaille pour s'élever dans la hiérarchie sociale. On peut alors comparer la mobilité sociale entre les pays et au sein d'un pays au cours du temps. Dans le cas américain, on constate non seulement une forte inégalité de revenu mais aussi une diminution de la mobilité sociale au cours des dernières décennies, évolution majeure pour apprécier combien l'état actuel des inégalités contredit l'aspiration méritocratique de la société américaine. La baisse de la mobilité sociale aux États-Unis, aujourd'hui inférieure à celle du Danemark, est un problème culturel pour le pays et pas seulement économique ou politique : la réalité sociale, correctement mesurée, entre ici frontalement en collision avec la mythologie d'une Amérique où, quelles que soient les inégalités de revenu, il est toujours possible de s'élever des « haillons vers les dorures ». Pour le dire simplement, la réalité de la mobilité sociale contredit le rêve américain.

Si l'on emprunte la métaphore de l'immeuble, l'indicateur de mobilité sociale ne nous renseigne pas sur la taille du bâtiment (l'écart entre les pauvres et les riches) mais sur l'efficacité des moyens d'accéder des étages inférieurs aux étages supérieurs (l'ascenseur ou l'escalier). Ce type d'indicateurs oriente donc vers des politiques publiques qui dépassent la seule fiscalité. La question de l'éducation devient notamment primordiale, en particulier l'ouverture large des universités américaines aux classes défavorisées ou simplement moyennes. Mais l'enjeu de l'éducation est aussi important au tout début de la vie sociale. C'est ce qu'a bien compris le nouveau maire de New York, Bill de Blasio, qui a inscrit dans son programme de campagne en 2013 l'institution de la gratuité de la maternelle pour tous les enfants de la ville, financée par une taxe sur le capital des résidents les plus fortunés. Deux dimensions dynamiques sont ici mises en cohérence : la capacité des plus riches d'investir leur fortune dans l'éducation de leurs enfants et de perpétuer les inégalités sociales et l'effet attesté d'une scolarisation précoce des enfants défavorisés sur leur devenir social. Taxer le capital financier des plus riches pour investir dans le capital humain des plus pauvres est l'exemple même d'une politique publique inspirée par une connaissance fine des déterminants du revenu et de l'inégalité persistante de sa répartition.

Au-delà du revenu

Toute dernière question, cruciale : l'effet du revenu sur le bien-être des personnes. Il importe ici de se tourner vers le philosophe et économiste indien Amartya Sen, qui montre dans une longue série de travaux combien il importe de se soucier des capacités que permettent ou non la possession d'un revenu monétaire.

Sen, contrairement à John Rawls, s'intéresse aux situations concrètes de l'inégalité, aux injustices situées et pas seulement aux conditions de possibilité et aux propriétés des institutions justes. En outre, il reconnaît comme objet de justice, non pas les « moyens d'existence » (comme le revenu) mais les « possibilités réelles de vivre[1] » qu'il nomme les capacités[2]. Un exemple fréquemment utilisé par Sen pour illustrer sa pensée consiste à considérer une personne qui disposerait d'un revenu élevé mais souffrirait d'un handicap physique grave et ne pourrait pas nécessairement, de ce fait, convertir son revenu en liberté réelle pour mener une existence qu'elle jugerait satisfaisante.

L'approche par les capacités, en d'autres termes, ne se limite pas à considérer ce qu'une personne finit par réaliser mais se soucie de ce qu'elle est en mesure de faire, des libertés substantielles auxquelles elle peut avoir accès, si elle le choisit. Sen nous donne donc un cadre théorique pour penser la liberté et l'égalité en même temps qu'il met à notre disposition de nouveaux instruments de mesure et d'action en faveur de l'égalité et de la liberté. Parmi ces nouveaux indicateurs, l'indice de développement humain des Nations unies a eu un retentissement considérable dans le débat mondial sur le développement.

Pour Mahbub ul Haq (1934-1998), coconcepteur avec Sen du premier *Rapport mondial sur le développement humain* de 1990 : « Le principal objectif du développement est d'élargir les choix qui s'offrent aux gens. En principe, ces choix peuvent être infinis et peuvent varier dans le temps. Les gens attachent souvent de la valeur aux réussites qui ne transparaissent pas du tout, ou pas immédiatement, dans les chiffres relatifs aux revenus ou à la croissance économique : un meilleur accès aux connaissances, une meilleure nutrition et de meilleurs services de santé, des moyens d'existence plus sûrs, une certaine sécurité contre la criminalité et la violence physique, du temps libre bien rempli, des libertés politiques et culturelles et un sentiment de participation aux activités de la

1. Voir notamment Amartya Sen, *L'Idée de justice*, traduit de l'anglais par Paul Chemla, avec la collaboration d'Éloi Laurent, Flammarion, 2011.
2. Le terme anglais *capabilities* se traduit aussi par « capabilités ». Ce courant de pensée doit beaucoup, outre à Sen, aux travaux de Martha Nusbaum, et, dans un registre davantage centré sur les capacités personnelles, à James Heckman.

communauté. L'objectif du développement est de créer un environnement favorisant l'épanouissement pour que les gens puissent jouir d'une vie longue, saine et créative. »

Le développement devient, avec cette approche qui dépasse le seul revenu, le processus d'expansion des libertés réelles dont jouissent les individus et la pauvreté est considérée au-delà de la perte de revenu comme une privation de capacités[1]. C'est pourquoi les différents indicateurs de développement humain développés au fil des années dans le cadre des Nations unies mettent tous en regard du revenu d'autres dimensions tout aussi essentielles pour la qualité de vie des individus.

Les chapitres suivants explorent précisément la manière dont il nous faut dépasser le revenu pour élargir la compréhension du bien-être humain, en commençant par la question essentielle de l'emploi.

---

1. Voir notamment A. Sen, *Un nouveau modèle économique. Développement, justice, liberté*, Odile Jacob, 2000. Martha Nusbaum a d'ailleurs franchi une étape empirique de plus que Sen en proposant une liste de « capabilités humaines centrales » parmi lesquelles l'intégrité physique ou le contrôle de son environnement direct.

CHAPITRE 2

Œuvrer (l'emploi)

« Augmenter la croissance pour réduire le chômage », tel pourrait être le commandement suprême des responsables politiques depuis le milieu des années 1970 en France et au-delà. C'est dire si le lien entre croissance du PIB et emploi paraît aller de soi. Il n'en est pourtant rien : la perspective de l'emploi, élément essentiel du bien-être économique, nous permet justement de comprendre que le développement ne peut plus être évalué de manière strictement quantitative. Les questions centrales du nouveau monde économique ouvrent un univers de complexité féconde : quelle croissance (comment, pour qui et avec quelles conséquences) ? Et quel emploi ?

Considérons d'abord le rapport entre croissance et emploi. Dès les années 1960, l'idée d'une réduction automatique du chômage en cas d'accroissement de la croissance du PIB se trouve remise en question : tant qu'un certain seuil de croissance n'est pas atteint, on n'observe pas de reflux du chômage. Cet enjeu est capital dans la France de 2015 : avec 1 % de croissance du PIB, les meilleurs modèles macroéconomiques prédisent que le chômage continuera d'augmenter, car les créations d'emplois ne compenseront pas les nouvelles arrivées sur le marché du travail. On parle à ce sujet d'« intensité de la croissance en emploi » : il faut, en France, au moins 1,5 % de croissance du PIB pour que les créations d'emplois excèdent la somme des destructions d'emplois et des entrées sur le marché du travail et que le solde des emplois net devienne positif. D'où l'insistance des responsables politiques à prédire une croissance du PIB supérieure à 1 %... Mais alors, à quoi ou plutôt à qui sert la croissance en dessous de 1,5 % ? On peut toujours arguer qu'elle sert à préserver les emplois existants qui sans elle seraient menacés de destruction, mais cette interrogation nous amène à ouvrir une question plus fondamentale : l'utilité sociale de la croissance.

Nous venons de voir au chapitre précédent que dans notre nouveau monde économique la croissance du PIB pouvait augmenter alors même que le revenu des ménages décline. De même, une reprise économique peut ne pas engendrer d'emploi ou trop peu (on parle alors de « reprise sans emploi » ou *jobless recovery* dans le contexte américain). La problématique de l'intensité de la croissance en emplois pose donc très directement la question de l'utilité sociale des différentes stratégies économiques possibles pour s'extraire d'une situation de crise.

L'exemple de la transition énergétique, dont beaucoup pensent (bien au-delà des cercles environnementalistes) qu'elle serait une stratégie socialement efficace de sortie de crise en Europe, est particulièrement parlant à cet égard. Il y a en effet bien plus d'intérêt à créer de l'activité économique dans les secteurs de la transition énergétique (économies d'énergie, énergies renouvelables, etc.) parce que ceux-ci sont bien plus intensifs en travail que les secteurs des énergies fossiles, qui mobilisent plus de capital que de travail. Poussons encore plus loin le raisonnement : les émissions de CO_2 sont très concentrées dans des secteurs de l'économie qui regroupent relativement peu d'emplois (dans les pays de l'OCDE, 80 % des émissions de CO_2 sont le fait de secteurs qui représentent 10 % de l'emploi total). Dès lors, une transition énergétique qui aurait pour objet de « décarboniser » la croissance économique ne serait pas, comme on le dit trop souvent, destructrice d'emplois (plusieurs études montrent au contraire qu'une transition énergétique ambitieuse pourrait créer plusieurs centaines de milliers d'emplois en

France). L'intensité de la croissance en emplois nous montre donc la voie des bonnes et des moins bonnes stratégies de développement de notre économie, selon le critère que l'on entend privilégier.

Au-delà de ce débat essentiel sur ce que l'on pourrait appeler la qualité sociale de la croissance se pose la question de la qualité de l'emploi lui-même. Les économistes ont en effet beaucoup contribué à véhiculer une vision réductrice de cet enjeu : du travail, à tout prix, à n'importe quelles conditions, pour procurer un revenu, lui-même destiné à être consommé.

Dans l'analyse économique standard, en effet, le travail est par essence pénible : l'être humain aspire à consommer des biens et à profiter librement de son temps ; le travail productif est conçu comme un sacrifice, un effort, une nuisance : à l'instar de l'injonction biblique – « Tu gagneras ton pain à la sueur de ton front » –, l'activité productive, qui vise à procurer à chacun les ressources nécessaires à sa consommation, est coûteuse, en temps et en effort, au détriment du loisir, dont l'étymologie indique qu'il n'est que la forme noble de l'oisiveté. Toute l'histoire du progrès humain peut être lue à l'aune de cette vision négative du travail : au fil des âges, la domestication des différentes sources d'énergie a permis à l'homme de s'épargner une bonne part de l'effort physique – « la sueur de son front » – et les progrès techniques, en réduisant la quantité de travail nécessaire à la production des biens et services – donc en accroissant la productivité du travail – ont diminué la part du temps que l'homme consacre à produire pour se procurer les ressources qu'il consomme au cours de sa vie. L'homme européen du début du XXIe siècle ne passe en moyenne qu'une très petite partie de sa vie à travailler – moins de 10 % de la durée totale de sa vie et environ 15 % de sa vie active : en 2013, la durée moyenne annuelle du travail des personnes ayant un emploi était, en France, de 1 489 heures, au Royaume-Uni de 1 669 heures, mais en Allemagne de seulement 1 388 heures alors qu'une année compte environ 8 700 heures.

Mais cette vision négative du travail pénible source de revenu peut conduire à oublier que l'emploi peut aussi être facteur de satisfaction, d'épanouissement personnel et d'un espoir de promotion sociale ; ou pas. De ce point de vue, le taux de chômage donne une vision bien trop partielle de l'enjeu désormais central de la qualité de l'emploi.

Le taux de chômage et ses limites

Défini comme la fraction de la population active qui est sans emploi et qui en cherche activement un, le taux de chômage est un indicateur utile de la situation sur le marché du travail. Comme le PIB, il a fait l'objet d'une harmonisation internationale, sous l'égide du Bureau international du travail (BIT), et c'est ce chiffre, publié mensuellement dans la plupart des pays développés, notamment ceux de l'Union européenne (UE), qui fait l'objet de toutes les attentions. À juste titre, puisqu'il fournit une évaluation presque instantanée d'une réalité : le chômage involontaire ou subi, par opposition à l'inactivité, que l'on présume choisie. Mais le taux de chômage ne reflète que partiellement les changements de situation sur le marché du travail.

Le chômage ne recense en effet qu'une fraction des personnes sans emploi. Parmi ces dernières, bon nombre sont inactives par choix, bien sûr ; une proportion, variable selon la situation du marché de l'emploi, l'est de manière plus ou moins contrainte, aux marges de l'emploi, ne satisfaisant pas à toutes les conditions requises pour être comptée parmi les chômeurs.

Le taux d'emploi, qui mesure le pourcentage de la population d'âge actif – conventionnellement défini comme la population de 15 à 64 ans – ayant un emploi, de quelque nature et de quelque durée qu'il soit, est dès lors un indicateur plus pertinent, tant de l'inclusion des personnes dans l'emploi que du potentiel productif de l'économie considérée. Globalement, les évolutions du taux de chômage et celles du taux d'emploi sont concomitantes ; mais pas toujours, et les divergences entre ces deux séries sont révélatrices de problèmes structurels.

Les évolutions observées en Europe depuis la grande récession de 2008-2009 permettent d'illustrer les lacunes du taux de chômage (graphiques 3 et 4) et les apports de la prise en compte du taux d'emploi : alors qu'en France, le taux de chômage conventionnel a beaucoup augmenté depuis 2008 – près de 3 points de pourcentage –, le taux d'emploi n'a que peu varié ; en Espagne, alors que le taux de chômage a amorcé une décrue depuis le début de 2013, après des années de fortes hausses, le taux d'emploi a poursuivi, en 2014, sa lente érosion ; tandis que celui de l'Allemagne a sensiblement augmenté, celui de la Grèce a plongé à des niveaux si bas qu'ils semblent compromettre durablement le rétablissement de ce pays.

Graphique 3. Taux de chômage harmonisés de quelques pays de la zone euro (%), trimestriel, 2008-2013

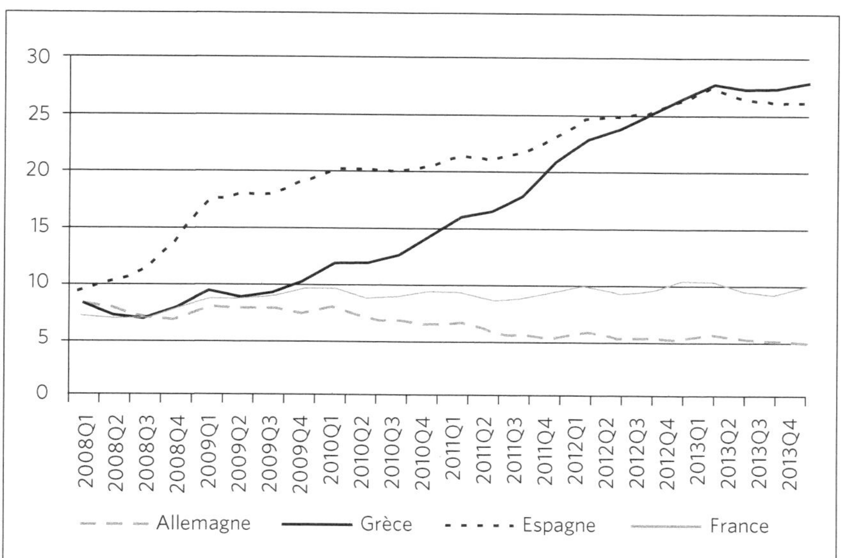

Source : Eurostat.

Graphique 4. Taux d'emploi de quelques pays de la zone euro (%), trimestriel, 2008-2013

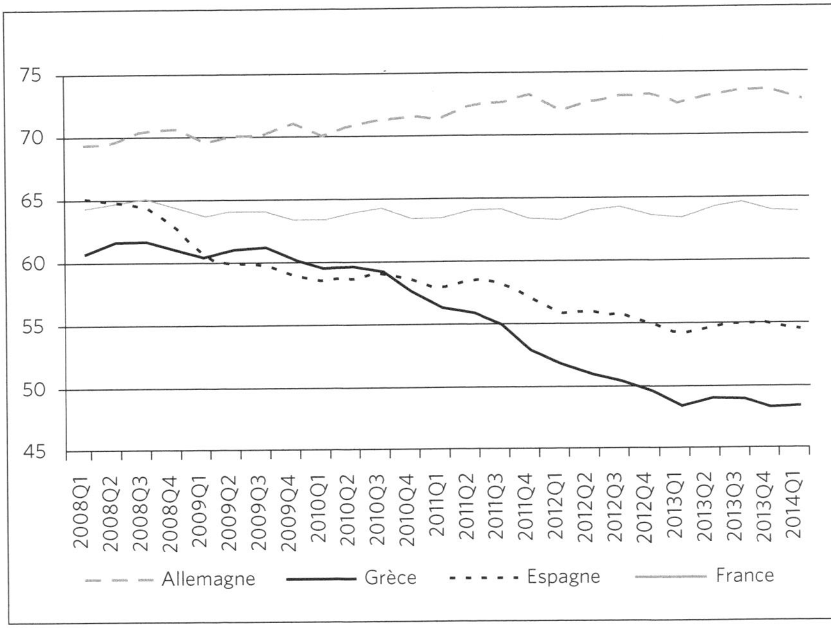

Source : Eurostat.

D'où proviennent ces divergences ? Pour une part, elles sont attribuables aux évolutions démographiques : en raison du vieillissement démographique et en dépit de flux migratoires assez élevés, la population d'âge actif diminue en Allemagne, tandis qu'elle continue à augmenter en France, par exemple. Il s'agit là d'un facteur fondamental et trop souvent oublié de l'écart entre les taux de chômage des deux pays qui détermine en partie les préférences de politique économique de part et d'autre du Rhin qui ne relèvent pas de la morale mais de l'intérêt démographique bien compris. Mais l'écart entre taux de chômage et taux d'emploi dans les pays européens met surtout en lumière la marginalisation et l'exclusion de certaines catégories de personnes, chômeurs découragés ou femmes renonçant à chercher un emploi en raison de la mauvaise situation du marché de l'emploi par exemple, travail non déclaré, pour une part aussi[1].

Le cas américain est encore plus éclairant : alors que le taux de chômage a retrouvé son niveau d'avant crise autour de 5,5 %, le taux d'emploi s'est effondré de près de 10 points. Les indicateurs du marché du travail, considérés ensemble, nous fournissent donc un renseignement précieux sur la qualité de la sortie de crise : on peut en effet sortir d'une période de crise pour entrer dans un régime de basse intensité sociale, où les emplois sont durablement moins nombreux et le niveau de vie structurellement plus bas, ce que le taux de chômage ne peut traduire. Fait encore plus troublant, qui permet d'illustrer la nécessité d'adjoindre au taux de chômage d'autres indicateurs pour saisir pleinement la situation de l'emploi, une baisse du chômage peut être le signe d'un découragement des personnes inemployées et donc plutôt faire office de mauvaise nouvelle du point de vue de l'emploi tandis qu'une hausse du taux de chômage peut signifier que des chômeurs découragés qui étaient sortis du marché du travail y reviennent pour chercher un emploi qu'ils pensent avoir désormais plus de chances de trouver (ce n'est pas autrement par exemple qu'il faut interpréter la légère hausse du taux de chômage américain début 2015 dans un contexte de dynamisme du marché du travail).

La nécessité de raisonner de manière plurielle lorsque l'on considère le marché du travail s'impose aussi quand on prend conscience qu'il existe en réalité une variété de taux de chômage que le débat public réduit à un chiffre unique. Le taux habituellement commenté et présenté comme un objectif des politiques publiques en France ne comptabilise qu'une catégorie de chômeurs[2] : la catégorie A qui ne recense que les personnes disponibles, à la recherche d'un emploi, et n'ayant eu aucune activité au cours des dernières

1. D'autres indicateurs de sous-emploi existent, notamment ceux qui recensent les personnes ayant un emploi à temps partiel, mais souhaitant travailler davantage.
2. En France, l'INSEE classe les chômeurs en cinq catégories. Pour les définitions, voir http://www.insee.fr/fr/methodes/default.asp ?page=definitions/categor-demandes-emploi-anpe.htm

semaines. Fin 2014 en France, elle en comptait près de 3,5 millions, tandis que l'inclusion des catégories B et C portait le chiffre du chômage à un peu plus de 5,1 millions de personnes. Cet écart entre chômage officiel et chômage réel se constate également aux États-Unis, où le Bureau of Labor Statistics publie ce qu'il nomme dans un langage diplomatique les « mesures alternatives du sous-emploi ». L'écart entre la catégorie la plus large du sous-emploi et le taux de chômage officiel varie du simple au double en 2015 !

De la quantité d'emplois à la qualité du travail

Les différentes caractéristiques des emplois sont, pour les salariés du moins, définies dans le contrat de travail, lui-même établi selon les normes légales et réglementaires en vigueur : la législation sociale et le droit du travail, largement spécifiques à chaque pays, mais ayant fait l'objet, au sein de l'UE, d'un certain nombre de directives fixant des normes minimales communes à l'ensemble des pays membres, sont ainsi des déterminants majeurs des conditions dans lesquelles se trouvent les personnes ayant un emploi[1]. Parmi ces caractéristiques, deux dimensions mesurables semblent particulièrement importantes : la durée du contrat, qui constitue un gage de sécurité ou, au contraire, un facteur de précarité de l'emploi ; et la durée du travail, indicateur ambivalent, qui mesure à la fois la possibilité de choix et de modulation du temps de travail pour le salarié, et la nécessité de se plier, faute de choix, à des horaires courts, fragmentés ou « atypiques ».

1. Nous ne tenterons pas de résumer ici les législations nationales, dont les dimensions sont extrêmement nombreuses et hétérogènes. L'OCDE publie régulièrement des indicateurs synthétiques, mais leur conception est davantage inspirée par le souci de mesurer la « rigidité » des marchés du travail, pour ensuite encourager des réformes structurelles visant à les rendre plus flexibles, que par celui d'évaluer les conditions de travail des personnes ayant un emploi.

Depuis le début des années 1980, la montée du chômage a, dans plusieurs pays européens y compris en France, conduit les autorités à assouplir la législation ; mais la pression pour une plus grande flexibilisation s'est accrue avec la remontée durable des taux de chômage, en fort contraste avec les Trente Glorieuses, qui avaient vu une extension importante de la protection des salariés et un renforcement de la réglementation du travail dans de nombreuses dimensions. Il en est résulté, pour une fraction croissante des personnes titulaires d'un emploi, une précarisation accrue et la multiplication des emplois dits « atypiques », au point même que la notion de « norme » semble parfois difficilement définissable.

Mesurer la précarité de l'emploi n'est pas chose aisée. L'OCDE propose de la résumer à l'aide d'un petit nombre d'indicateurs, notamment le pourcentage de contrats à durée déterminée. Mais ces données moyennes ne donnent qu'une image imparfaite de la situation des personnes affectées par la précarité : ainsi en France, où en 2014 plus de 80 % des nouvelles embauches sont sous le régime du CDD (contrat à durée déterminée), c'est bien sur les nouveaux entrants – les jeunes à la recherche de leur(s) premier(s) emploi(s) – et sur ceux qui ont perdu leur emploi que se concentre la précarité, tandis que ceux qui en ont un bénéficient, pour la plupart, d'une très grande longévité dans l'emploi, supérieure à celle observée dans les autres pays de l'OCDE[1].

Durée du travail et horaires « atypiques » – travail de nuit, travail dominical, notamment – constituent deux autres dimensions importantes des conditions de travail. L'emploi à temps partiel s'est ainsi considérablement développé dans la plupart des pays européens au cours des dernières décennies, représentant plus de 22 % du

1. Les économistes parlent, pour les nouveaux entrants, d'« outsiders », tandis que ceux qui sont en place, les « insiders », bénéficient généralement de meilleures conditions de rémunération et d'emploi. Depuis quelques années, ces considérations ont inspiré de nombreuses propositions de réformes du contrat de travail et de la législation du travail.

nombre des emplois dans les pays de la zone euro en 2013 (selon Eurostat), ce qui explique en grande partie la faible durée annuelle moyenne du travail observée dans la plupart de ces pays[1]. Pour certains salariés, la possibilité de ne travailler qu'à temps partiel est sans doute un élément important de qualité de l'emploi, élargissant ainsi la gamme des choix possibles, toutefois, pour d'autres, il ne s'agit pas d'un choix, mais d'un pis-aller. La part des emplois à temps partiel subis plutôt que choisis s'est accrue depuis la « grande récession » dans les pays européens, particulièrement dans ceux qui, telle l'Espagne, ont connu une augmentation très forte du taux de chômage et une baisse du taux d'emploi (le temps partiel contraint y a augmenté de plus de 35 %).

Mais, plus fondamentalement encore, qu'est-ce qu'un bon emploi ? Peut-on définir, et mesurer, la qualité des emplois ? Conscient de l'enjeu, le Bureau international du travail (BIT)[2] a adopté la notion de « travail décent », qu'il définit ainsi :

> La notion de travail décent résume les aspirations de tout travailleur : possibilité d'exercer un travail productif et convenablement rémunéré, assorti de conditions de sécurité sur le lieu de travail et d'une protection sociale pour sa famille. Le travail décent donne aux individus la possibilité de s'épanouir et de s'insérer dans la société, ainsi que la liberté d'exprimer leurs préoccupations, de se syndiquer et de prendre part aux décisions qui auront des conséquences sur leur existence. Il suppose une égalité de chances et de traitement pour les femmes et les hommes.

Cette définition est, évidemment, peu précise, mais elle a le mérite de souligner la pluralité des dimensions qui constituent la qualité de l'emploi : la rémunération, mais aussi les conditions de travail, les relations sociales et la protection des droits des travailleurs,

1. En Allemagne, cette proportion atteint 27,3 %, tandis qu'en France elle n'est que de 18,4 %.
2. Sur ce point, voir http://ilo.org/global/topics/decent-work/lang--fr/index.htm

la parité, ainsi que des facteurs plus subjectifs qui ont trait à l'insertion sociale et à l'épanouissement personnel.

Considérons d'abord la finalité première de l'emploi qui est de procurer un revenu au travailleur : l'emploi est avant tout un « gagne-pain », très diversement rémunéré[1]. Mais ce revenu est-il suffisant pour vivre ? La détérioration des conditions sur la majorité des marchés européens du travail depuis la grande récession, que résume la montée des taux de chômage, a des répercussions sur les évolutions des conditions de rémunération des personnes ayant un emploi : même dans les pays qui ont le mieux résisté, telle l'Allemagne, la progression des salaires moyens a été relativement lente ; et, dans les pays du Sud de l'Europe, plus durement touchés par la montée du chômage, les salaires moyens ont le plus souvent régressé.

Graphique 5. La pauvreté dans l'emploi dans quelques pays européens, 2010 (%)

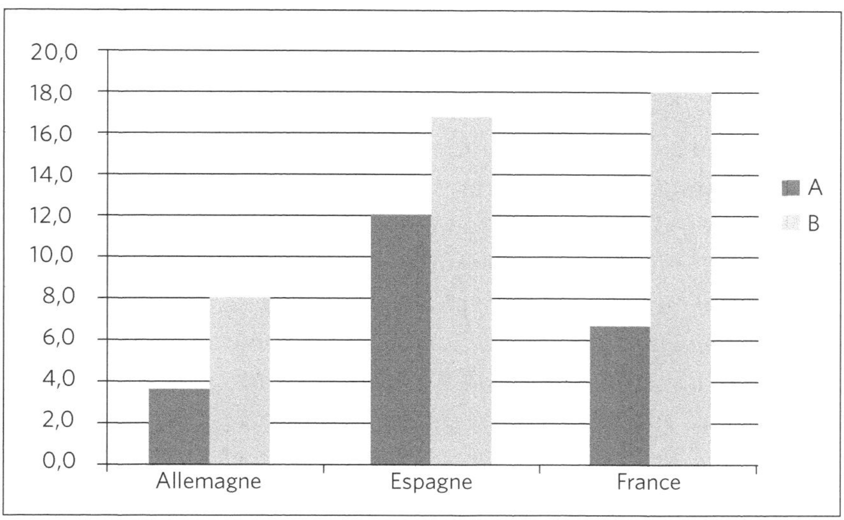

Source : OCDE, 2013.

A. Après impôts et transferts
B. Avant impôts et transferts.

1. Voir chapitre 1.

Parmi les plus mal lotis, la catégorie dite des « travailleurs pauvres » est devenue particulièrement nombreuse et visible au cours des années récentes. Bien qu'il y ait toujours eu des « travailleurs pauvres », personnes occupant un emploi dont la rémunération est insuffisante pour assurer des conditions de vie convenables, leur existence, leur nombre et leur sort ont fait l'objet d'une prise de conscience relativement récente dans les pays les plus développés, et des politiques spécifiques de soutien et d'incitation au travail pour ces catégories de travailleurs ont été adoptées dans de nombreux pays, non sans un certain succès, comme l'illustre le graphique 5[1]. Il n'en reste pas moins qu'en France le pourcentage de personnes ayant un emploi, mais disposant d'un revenu en deçà du seuil de pauvreté est, en 2013, d'environ 18 %, ce qui est considérable et souligne bien que le fait d'avoir un emploi ne garantit pas nécessairement l'accès aux nécessités vitales, telles qu'un logement décent notamment.

Cette question de l'évolution des salaires qui suit ou non celle de l'emploi est déterminante pour apprécier la qualité sociale des stratégies de développement mises en œuvre depuis quelques années en Allemagne ou aux États-Unis : en Allemagne, le taux de chômage a certes chuté depuis le début des années 2000, mais les conditions de rémunération se sont fortement dégradées en parallèle, conduisant à un accroissement de la pauvreté ; aux États-Unis, les créations d'emplois dans la phase de reprise économique ne se sont pas accompagnées avant début 2015 d'une hausse (qui reste modérée) des rémunérations. Dans ces deux pays, la classe moyenne recule alors que le chômage baisse. Une fois encore, il nous faut à apprécier les évolutions économiques de manière plurielle pour les comprendre véritablement.

1. Aux États-Unis, le crédit d'impôt pour les salariés ayant de faibles revenus (*Earned Income Tax Credit, EITC*) a été institué dès les années 1970, et considérablement augmenté à la fin des années 1990. Il a inspiré, en France, la prime pour l'emploi (PPE) (2001) et, plus récemment, le revenu de solidarité active (RSA). Une fusion de ces deux dispositifs a été récemment proposée.

Ajoutons que, dans les économies européennes, dotées depuis plusieurs décennies de systèmes de protection sociale très développés, l'emploi procure non seulement une rémunération directe, mais également des éléments de rémunération indirecte ou différée, dont l'importance est considérable pour la grande majorité des personnes, notamment celles qui ne possèdent que peu ou pas de patrimoine. Pour toutes ces personnes, en effet, les droits ouverts par l'accession à l'emploi à des pensions de retraite, à une couverture maladie, à des avantages divers en matière de transport, etc.[1], peuvent être considérés comme constituant leur « capital », en ce sens que ces droits les protègent contre divers aléas de la vie et leur procurent des ressources pendant les périodes d'inactivité.

La protection des droits des salariés, la représentation des salariés, la qualité des relations professionnelles, au sein de l'entreprise et dans les instances de négociations sociales, font également partie des dimensions qui permettent d'appréhender la qualité de l'emploi. Ces différentes dimensions sont encore moins aisément mesurables que les précédentes mais elles sont essentielles.

Évaluer la qualité de l'emploi doit en effet mobiliser des données de nature moins facilement quantifiable, qui cherchent à appréhender les déterminants de ce que l'on pourrait appeler le « bien-être dans l'emploi ». Celui-ci dépend de nombreux facteurs, sans doute hétéroclites et pour une part subjectifs. Certains ont trait aux exigences physiques des emplois : ainsi en 2014, le débat sur l'introduction, en France, d'une dimension « pénibilité » dans le calcul des retraites des salariés a-t-il permis de mettre en évidence la difficulté à laquelle se trouvent confrontés les pouvoirs publics lorsqu'il s'agit de définir des critères objectifs et applicables de pénibilité des

---

1. La tendance a été, depuis quelques décennies, en France et dans la plupart des pays européens, à l'universalisation des droits à la protection, notamment en matière de maladie et d'assistance sociale : ce ne sont plus, comme dans les régimes d'assurance sociale classiques, les seuls titulaires d'un emploi et leurs ayants droit, mais tous les citoyens à qui l'on garantit un accès à ces protections. Il reste que les personnes en emploi sont généralement mieux couvertes contre les risques maladie et qu'elles accumulent des droits à la retraite.

emplois. De la même façon, la fréquence des accidents du travail permet de repérer les secteurs ou les métiers dans lesquels les travailleurs sont particulièrement exposés à des risques professionnels. Les notions de stress ou de malaise dans le travail font également l'objet d'analyses approfondies et de mesures éclairantes (voir sur ce sujet les nombreux travaux de Dominique Méda).

L'emploi reste, dans les économies développées, la principale source de revenu, d'insertion sociale et d'épanouissement personnel. Dès lors, l'accès de tous ceux qui le souhaitent à un emploi doit demeurer l'un des objectifs premiers de toute politique économique et sociale. Mais on ne saurait se contenter de cette dimension purement quantitative : l'emploi n'est pas seulement une activité productive subie, destinée à procurer des ressources en vue de consommer ; c'est aussi une activité sociale, dans laquelle la grande majorité des adultes passent une part importante de leur vie, qui peut leur peser ou au contraire leur apporter des satisfactions, qui les broie ou contribue à leur épanouissement personnel. Dès lors, les politiques économiques et sociales ne peuvent se contenter de poursuivre un objectif quantitatif de création d'emplois, condition nécessaire, mais non suffisante du progrès humain ; elles doivent aussi viser à en améliorer la qualité, dans toutes ses dimensions.

CHAPITRE 3

Prendre soin de nous (la santé)

La santé est sans doute la dimension du bien-être humain la plus intuitive, celle que tout un chacun reconnaît d'emblée comme la plus essentielle et c'est de fait la première priorité mise en avant par les personnes interrogées dans les enquêtes sur les sources de leur bien-être. C'est aussi la dimension qui contraste le plus avec le bien-être économique réduit à l'accumulation des signes monétaires : la richesse ne vaut plus rien quand la maladie frappe, la vie la plus riche en apparence perdant toute sa saveur sans la faculté biologique ou mentale de l'apprécier. Ce qui ne veut pas dire que la santé soit sans rapport avec les réalités économiques et monétaires, bien au contraire.

D'abord parce que les conditions économiques et le statut social influent fortement sur l'état de santé et l'accès aux soins. Ensuite, réciproquement, parce que l'état de santé détermine une bonne part des capacités économiques (la « productivité » des travailleurs est sous-tendue par leur santé). La santé a donc une dimension directe et indirecte : elle procure directement du bien-être ici et maintenant aux individus, mais aussi demain *via* la longévité qu'elle leur confère (plus on sera en bonne santé et plus l'on vivra longtemps) et elle garantit indirectement le bien-être économique *via* la capacité de travailler et donc de « gagner sa vie » (voir le premier chapitre consacré au revenu). Il n'est donc guère surprenant de voir la santé, sous forme de « capital humain », à la première place lorsque des tentatives sont faites pour évaluer les éléments constitutifs de la richesse des nations (on y reviendra plus précisément dans la deuxième partie de ce livre).

Richesse des nations = santé des citoyens ?

Mais les nations, c'est-à-dire leurs dirigeants, peuvent plus ou moins bien prendre soin de la santé de leurs citoyens, autrement dit utiliser plus ou moins efficacement une part plus ou moins grande de leurs ressources pour faire prospérer ou non leur capital humain. Il peut à cet égard se former un écart important entre la richesse d'un pays et la santé de ses habitants. On perçoit tout de suite l'intérêt de distinguer ainsi production de richesses économiques et état de santé de la population en examinant de près le cas américain.

L'indicateur de développement humain (IDH) des Nations unies présente le grand intérêt d'aborder l'enjeu du développement en agrégeant ensemble trois dimensions : le revenu, la santé et l'éducation. À l'opposé d'une vision monolithique du développement qui serait exclusivement considéré comme l'accroissement du PIB par habitant, il est ici question d'un trépied équilibré dont chaque dimension, c'est là le point capital, est traitée à l'égale des autres dans la pondération finale de l'indice[1]. Mais on peut donc tout aussi bien désagréger ces trois dimensions pour comparer leur niveau et leur évolution respectives.

1. Selon les Nations unies, l'indice de développement humain (IDH) est une mesure de synthèse du niveau moyen atteint dans les dimensions clés du développement humain : une vie longue et saine, l'acquisition de connaissances et un niveau de vie décent. L'IDH est la moyenne géométrique des indices normalisés pour chacune des trois dimensions.

Selon les données des Nations unies, les États-Unis se classent en 2011 au 2e rang pour ce qui est du revenu (moyen) par habitant derrière la Norvège : c'est donc le grand pays le plus riche de la planète. Mais ce n'est pas, selon ces mêmes données, le pays le plus développé : il se classe seulement 4e pour ce qui est de l'indice de développement humain agrégé, ce qui n'est certes pas si mal, mais mérite éclaircissement. C'est en fait l'indicateur de santé qui explique cette rétrogradation, indicateur qui place les États-Unis au 33e rang des nations du monde.

Cet écart considérable entre classement international selon le niveau de vie monétaire et classement international selon la santé (mesurée par l'espérance de vie à la naissance) est significatif car il nous oriente vers un problème d'utilisation des ressources américaines : le pays, semble-t-il, n'investit pas assez ou pas assez efficacement ses colossaux moyens financiers dans la santé de ses habitants. Est-ce vraiment le cas ?

Les Nations unies utilisent pour mesurer l'état de santé des pays du monde un indicateur de résultat, l'espérance de vie. On peut alternativement, dans cette catégorie d'indicateurs sanitaires, mesurer le niveau de la mortalité infantile (généralement en dessous de cinq ans) ou encore la morbidité (c'est-à-dire l'état de santé physique ou mental des personnes) pour rendre compte de différentes facettes de la réalité. Mais il existe d'autres indicateurs encore, dits de structure, qui nous renseignent plus précisément sur les moyens consacrés à la santé, par exemple le niveau des dépenses.

Ce dernier indicateur va nous aider à percer le mystère américain. À en juger par le niveau des dépenses de santé rapportées au PIB (indicateur utile dans ce cas pour comparer les dépenses de santé aux richesses économiques et monétaires), les États-Unis sont en réalité très loin de sous-investir dans leur santé : ils sont le premier pays, et de loin, en la matière avec près de 18 % (la France est à 11 %). C'est deux fois plus que les pays les plus riches en moyenne et presque quatre fois la part des dépenses de santé d'un pays comme la Chine. Le mystère s'épaissit donc encore un peu plus au lieu de se dissiper : comment expliquer que le pays le plus riche de la planète, qui consacre de surcroît le plus de sa richesse à la santé se retrouve bon dernier parmi les pays comparables ?

Il nous faut donc encore affiner le diagnostic en détaillant la nature des dépenses en question et c'est ici que l'indicateur permet la compréhension : les dépenses de santé des États-Unis sont à plus de 50 % des dépenses privées (alors que celles-ci représentent environ 25 % pour les pays de l'OCDE, soit un écart du simple au double). Il devient alors possible, en remontant la chaîne logique des indicateurs, de reconstituer la situation économique dans toute sa complexité et d'identifier ce que l'on pourrait appeler le problème sanitaire américain : des dépenses privées inefficaces conduisent à un coût du système beaucoup trop important compte tenu de ses performances, c'est-à-dire de l'état de santé des Américains. De cette compréhension découle la nécessité d'une nouvelle politique publique : la réforme sanitaire engagée par Barack Obama en 2009, qui vise à rendre en partie publique l'assurance-santé américaine, ne s'explique pas autrement que par la volonté d'amender un système dont le coût humain et économique est devenu insupportable (les Américains approuvent d'ailleurs largement les différents éléments de la réforme même s'ils refusent d'en faire crédit au maître d'œuvre…).

Combiner comme on vient de le faire indicateur de résultat (espérance de vie) et indicateur de structure (niveau des dépenses) se révèle particulièrement utile pour comprendre l'évolution la plus fondamentale des sociétés humaines au cours du XXe siècle : l'amélioration de leur état de santé. Celle-ci atteint aujourd'hui des niveaux inespérés non seulement dans les pays les plus développés mais également dans les pays émergents et en développement. Ce véritable miracle sanitaire (la santé s'est davantage améliorée depuis 1950 qu'au cours de toute l'histoire de l'humanité) s'explique par la part croissante des dépenses sociales depuis le début du siècle pour les pays les plus avancés et depuis l'après-guerre et plus encore les années 1960 pour les pays en développement (autrement dit par le développement de l'État providence sans lequel les avancées médicales seraient demeurées inaccessibles pour la majorité des habitants de la planète). Mais l'écart demeure très important entre les uns et les autres, ce dont témoignent très bien les comparaisons internationales en matière d'espérance de vie.

Les données historiques montrent en effet que c'est presque un âge entier de la vie, quinze ans en moyenne, qui sépare les pays de l'OCDE du reste du monde (l'écart étant de quarante années, la moitié d'une vie en France, entre le pays le mieux et le moins bien classé selon cet indicateur en 2013). Les comparaisons internationales de ce type importent grandement car elles permettent de débusquer les logiques sociales et même politiques qui se cachent derrière des réalités que l'on considère souvent comme relevant exclusivement de la biologie. Nous y reviendrons.

De la quantité de vie à la qualité de vie

Attardons-nous sur l'espérance de vie, c'est-à-dire l'espoir que l'on peut raisonnablement former s'agissant de la durée de sa vie, et reconnaissons que cet indicateur sanitaire phare ne permet pourtant de saisir qu'une partie de l'enjeu de la santé, celui de la longévité. Or la qualité de la vie est au moins aussi importante que sa durée : la vie longue n'est pas nécessairement une vie bonne. C'est pourquoi, à l'espérance de vie *stricto sensu*, a été récemment adjointe l'espérance de vie en bonne santé.

Avec cet indicateur, on dépasse la « quantité de vie » pour s'approcher de la qualité de vie. Le langage technique parle du « nombre d'années de vie en bonne santé » également appelé « espérance de vie sans incapacité » qui équivaut au nombre d'années qu'une personne d'un âge donné peut espérer vivre dans des conditions sanitaires favorables.

Un individu est dit « en bonne santé » lorsqu'il ne souffre ni de « limitation fonctionnelle » ni d'incapacité, ce que l'on détermine par un questionnaire sur un échantillon d'une classe d'âge donnée pour un pays (par exemple les personnes de 60 ans au Royaume-Uni). On croise ensuite ces données subjectives avec les données objectives sur la mortalité à cet âge. On procède de la sorte pour toutes les classes d'âge et on peut finalement déterminer le nombre d'années de vie potentielles en bonne santé d'un individu lorsqu'il naît, au miroir sanitaire de ses concitoyens.

On peut ainsi comparer les pays (c'est-à-dire les habitants) selon deux indicateurs d'espérance de vie, l'un plutôt quantitatif et objectif et l'autre davantage qualitatif et subjectif, afin de repérer d'éventuelles différences. L'agence statistique européenne, Eurostat, propose depuis peu ces données (pour les hommes et les femmes) pour les pays de l'Union européenne et l'on constate effectivement d'intéressants écarts. La France est par exemple le premier pays européen pour l'espérance de vie à la naissance des femmes mais rétrograde en 13e position pour ce qui est de l'espérance de vie des femmes en bonne santé. Une fois encore, cette mesure souligne des défis importants pour les politiques publiques, dans ce cas précis des failles potentielles dans notre système de soins.

Il importe toutefois de ne pas passer sous silence les limites méthodologiques de cet indicateur de la qualité de vie, notamment concernant la pertinence des questions posées (le concept de « limitation fonctionnelle » est sujet à caution) et du brouillage opéré par la subjectivité des déclarants. Cet indicateur pose à cet égard un problème de même nature que les mesures autodéclarées de santé (qui peuvent être parfois trompeuses), ce qui renvoie à l'enjeu plus général de l'intérêt essentiel et en même temps des limites fortes des données subjectives pour apprécier le bien-être humain (on y reviendra dans les chapitres consacrés au bonheur et à la confiance).

La recherche s'est donc orientée vers d'autres chemins pour mesurer de manière plus objective la qualité de la vie. Le DALY (*Disability-adjusted life year*), développé ces dernières années par l'Organisation mondiale de la santé (OMS) en témoigne. Le DALY a pour ambition de mesurer les « années de vie ajustées par l'incapacité », c'est-à-dire les années de vie potentielles perdues en raison d'une mortalité prématurée ou les années de vie productive perdues en raison d'incapacités engendrées par une maladie ou un accident. Plus qu'une mesure de qualité de la vie, il s'agit d'un indicateur de qualité de vie perdue (dégradée par une circonstance malheureuse). Le DALY additionne ainsi les années de vie perdues du fait de la mortalité prématurée et les années de vie productive perdues du fait de l'invalidité (on retrouve la dichotomie entre nombre d'années de vie ou quantité de vie et qualité de la vie au fil des années).

Pour un pays donné et une cause de mortalité (par exemple le VIH au Zimbabwe), on fera donc le produit entre le nombre de morts et l'espérance de vie moyenne à l'âge de la mort (on obtiendra alors le nombre d'années perdues du fait du sida) et l'on ajoutera, pour les survivants au virus, le nombre de cas multiplié par la gravité de l'invalidité et la durée de rémission avant la guérison ou la mort. Selon cette méthode de calcul, le VIH cause au Zimbabwe la perte de 5 millions de DALYs par an.

Cet indicateur donne une information sanitaire beaucoup plus fine que le simple nombre de décès engendrés par telle ou telle calamité. Il permet en outre d'orienter les pratiques médicales vers les interventions les plus efficaces. Ainsi le système de santé britannique a depuis peu adopté un indicateur voisin du DALY, le QALY (*Quality-adjusted life-year* ou année de vie ajustée par la qualité), dont le but est de mesurer en termes de qualité de vie l'impact d'une intervention médicale. On mesurera ainsi pour une intervention médicale donnée (par exemple un pontage coronarien) la quantité et la qualité de vie offertes au patient (c'est-à-dire le produit des années de vie qu'il peut espérer après l'intervention et la qualité de ces années de vie).

On le voit, les indicateurs de santé sont nombreux et ils permettent de donner une information fine sur bien des aspects de la question sanitaire. Mais il s'agit pour l'instant d'indicateurs conséquentialistes et non d'indicateurs causaux. Or ce dernier enjeu est central : quels sont donc les déterminants de la santé et comment les mesurer ?

Comment la santé vient aux humains

On trouve ici une nouvelle classe d'indicateurs sanitaires qui nous renseignent sur deux déterminants majeurs : les conditions sociales et environnementales d'un côté et les styles de vie et les comportements de l'autre, autant d'éléments susceptibles d'avoir une influence sur la santé des individus.

Deux questions d'un intérêt particulier se font alors jour. D'un côté les bien connus « comportements à risque » (tabagisme, alcoolisme, sexualité, etc.), de l'autre, le poids croissant et souvent méconnu des conditions sociales et environnementales.

Ainsi de nombreux travaux de recherche ont mis en évidence l'importance des déterminants environnementaux et sociaux de la santé, c'est-à-dire des conditions dans lesquelles les individus naissent, grandissent, travaillent et vivent. On observe alors, ce qui n'est guère surprenant, que, dans tous les pays, quel que soit leur niveau de développement, les individus les plus riches sont en meilleure santé que les individus les plus pauvres. Plus intéressant encore, même si la santé s'est considérablement améliorée en moyenne, les inégalités sociales de santé sont aujourd'hui particulièrement fortes, selon le statut socioprofessionnel, le niveau d'éducation ou encore le lieu de résidence. Selon l'OMS, en Bolivie, la mortalité infantile varie du simple ou double pour les femmes enceintes selon leur niveau d'éducation. En France (comme dans la majorité des pays de l'Union européenne), l'espérance de vie varie fortement selon le territoire. La combinaison d'un indicateur de résultat et d'une clé spatiale nous aide ici à prendre la mesure d'une dimension majeure des inégalités françaises.

De même, l'environnement joue un rôle important dans la détermination de la santé, à travers les indicateurs dits de « santé environnementale » tels que l'impact sanitaire de l'exposition de la population aux particules fines dont la France découvre depuis peu l'ampleur inquiétante (notamment à Paris). Cette préoccupation à l'égard de l'environnement n'est pourtant pas nouvelle : elle remonte au moins à Hippocrate et à son traité sur les airs, les eaux et les lieux publié au Ve siècle avant notre ère.

Mais les études portant sur les effets sanitaires de la pollution atmosphérique extérieure, et en particulier la pollution aux particules fines, au dioxyde d'azote et à l'ozone, ont progressé de manière décisive au cours des dernières années. L'OMS a ainsi présenté fin 2013 une étude complète concluant au classement de la pollution atmosphérique dans la catégorie des « cancérigènes certains », et porté début 2014 au double du chiffre antérieurement admis le nombre de décès prématurés liés à cette pollution (7 millions de morts en 2012). La conclusion des experts de l'OMS est dénuée d'ambiguïté : « Peu de risques ont un impact supérieur sur la santé mondiale à l'heure actuelle que la pollution de l'air. »

Une étude européenne de grande ampleur[1] a récemment évalué avec précision l'impact sanitaire de la pollution aux particules fines en France. Les résultats considérés en moyenne témoignent de l'ampleur du problème sanitaire : si les normes de l'OMS étaient respectées en matière de pollution atmosphérique, l'espérance de vie à 30 ans pourrait augmenter de 3,6 à 7,5 mois selon la ville française étudiée.

La dimension environnementale du bien-être, *via* la santé, peut d'ailleurs être appréciée selon de nombreuses autres facettes, par exemple en considérant l'alimentation des individus. Les pouvoirs publics, conscients de l'importance de la généralisation d'une alimentation saine, ont développé l'affichage alimentaire notamment dans la ville de New York, où chaque aliment vendu dans les

1. Le projet Aphekom (*Improving Knowledge and Communication for Decision Making on Air Pollution and Health in Europe*) a estimé l'impact de la pollution de l'air sur la santé des 39 millions d'habitants des 25 villes européennes participant au projet.

établissements de restauration doit désormais être accompagné de son « poids » en calories.

Cet affichage, qui n'est rien d'autre que l'introduction d'un nouvel indicateur dans le système de décision des consommateurs, présente l'intérêt de mettre en regard une valeur monétaire (par exemple le prix d'un gâteau) et sa valeur calorique. On constate alors le paradoxe très éclairant qui résulte d'une telle comptabilité double : les aliments les moins chers, souvent les moins sains, sont aussi les plus caloriques, et sont donc simultanément les moins coûteux du point de vue monétaire mais les plus coûteux du point de vue sanitaire...

Dans le monde en développement, la considération de l'importance des conditions environnementales conduit à des conclusions encore plus nettes que dans les pays développés en matière de politique publique : de nombreuses morts et années de qualité de vie perdues ne doivent rien à la fatalité mais sont en réalité, selon la dénomination de l'OMS, « évitables ».

En effet, les maladies liées à l'environnement qui représentent la plus grande charge annuelle totale en termes de mortalité ou d'années de vie ajustées à l'incapacité (DALY) sont la diarrhée (68 millions de DALYs par an), provoquée essentiellement par de l'eau insalubre ou de mauvaises conditions d'assainissement et d'hygiène et les affections des voies respiratoires inférieures (37 millions de DALYs par an) essentiellement à cause de la pollution de l'air, notamment intérieure (du fait du chauffage ou de la cuisine).

Or la qualité de l'eau et des sanitaires est fonction des moyens qui leur sont consacrés par les pouvoirs des publics. La qualité de l'air dépend quant à elle fortement de la qualité de l'énergie utilisée. On peut ainsi mesurer la différence entre l'Algérie et l'Afghanistan dans l'usage des combustibles solides (le plus souvent de la biomasse, c'est-à-dire du bois et des déjections animales) qui causent la pollution de l'air intérieur : en Algérie, moins de 5 % de la population les utilisent contre 95 % en Afghanistan, il en résulte 24 000 morts et 830 000 DALYs perdus (contre 400 morts et 10 000 DALYs perdus en Algérie).

Ces considérations peu réjouissantes nous amènent à notre dernier point : qu'en est-il des déterminants non pas de la santé ou de la qualité de vie mais de son contraire le plus évident, c'est-à-dire la mort ? Ici aussi les indicateurs développés dans les années récentes se révèlent des boussoles précieuses pour arpenter notre nouveau monde économique.

L'OMS recense désormais régulièrement les causes de mortalité, mesurées soit de manière absolue par le nombre de décès causés (il y a chaque année environ 55 millions de décès sur la planète), soit de manière plus fine comme nous l'avons vu, par le nombre de DALYs. En pourcentage du nombre total de décès dans le monde, la hiérarchie des causes de mortalité nous ouvre les yeux sur des réalités souvent distordues par les filtres médiatiques et subjectifs (voir tableau 1).

Tableau 1. Causes de décès dans le monde, en pourcentage du nombre total de décès, 2009

Maladies chroniques[1]	59
Maladies transmissibles	31
Blessures	10
dont	
blessures non intentionnelles	7
blessures intentionnelles	3
dont	
blessures auto-infligées	1,5
violence	1
guerre	0,5

Source : OMS.

1. Selon l'OMS, les maladies chroniques sont des affections de longue durée qui, en règle générale, évoluent lentement telles que les cardiopathies, les accidents vasculaires cérébraux, le cancer, les affections respiratoires chroniques ou encore le diabète.

Cet indicateur fait apparaître clairement au moins deux phénomènes majeurs. Le premier est ce qu'il est convenu d'appeler la transition épidémiologique mondiale : les habitants de la planète évoluent d'un monde marqué par la prédominance des maladies infectieuses (transmissibles) dans la mortalité et la morbidité à un poids majoritaire des maladies non transmissibles et notamment des maladies chroniques. C'est une donnée majeure pour les politiques sanitaires aujourd'hui déployées à la surface du globe.

Deuxième enseignement, que l'on hésite à qualifier d'heureux : la guerre et la violence en général représentent une part minime des menaces de mort qui guettent les humains dans le monde. Il y a bien entendu de trop nombreuses exceptions à cette règle mais ce fait, très mal connu, est là : nous vivons, sans doute comme jamais auparavant dans notre histoire, dans un monde en paix, ce qui ne contribue pas pour rien à notre bien-être. Encore faut-il que nous soyons capables de préserver cette paix relative, ce à quoi nos institutions (auxquelles nous consacrerons un chapitre entier) doivent être employées.

CHAPITRE 4

Se former (l'éducation)

En décembre 2013, la France reçoit comme une gifle les résultats de l'enquête PISA[1] de l'OCDE (Organisation pour la coopération et le développement économiques) sur les performances des élèves de collège (15 ans) dans les matières fondamentales (mathématiques, lecture, etc.) : le rang qu'occupe le pays dans le classement global est loin d'être glorieux (25e sur 64), et il est en recul de deux places par rapport à la précédente enquête d'évaluation (2009) ; surtout, les inégalités se creusent entre « bons » et « mauvais » élèves, sans que le système scolaire français ne parvienne à corriger les handicaps des enfants issus des milieux les moins favorisés[2]. C'est un choc pour un pays qui s'enorgueillit d'avoir été l'un des pionniers de la scolarisation obligatoire et qui consacre à son système éducatif des ressources publiques très conséquentes. Qui plus est, l'école est considérée en France comme l'un des maillons essentiels du « Pacte républicain », un levier de l'égalisation des chances et l'un des vecteurs de la promotion sociale. La réalité sociale révélée par un indicateur de bien-être vient donc bousculer notre mythologie nationale…

---

1. Program for International Student Assessment, dont les dernières données publiées datent de 2012.
2. L'OCDE note froidement : « Le système d'éducation français est plus inégalitaire en 2012 qu'il ne l'était neuf ans auparavant… En France, lorsque l'on appartient à un milieu défavorisé, on a clairement aujourd'hui moins de chances de réussir qu'en 2003. »

L'éducation occupe à vrai dire une place à part parmi les dimensions du bien-être humain, pour deux raisons principales. La première est qu'elle représente à la fois un bénéfice immédiat et la promesse d'un bien-être futur : l'éducation compte ici et maintenant mais elle permet également d'espérer un emploi, un revenu, un épanouissement culturel, etc. La seconde raison est que l'éducation est à la fois un accomplissement personnel et une réalisation sociale : le niveau d'éducation est un des meilleurs indicateurs de la réussite individuelle et du succès collectif. Le statut socioprofessionnel (et notamment la situation sur le marché du travail) est étroitement lié au niveau d'éducation, tandis que l'éducation des femmes est le facteur décisif de la transition démographique qui permet ou non aux pays en développement de s'affranchir du boulet de la surpopulation. Enfin, l'éducation est sans doute la plus insatiable des dimensions du bien-être humain : la soif de connaissances est, au sein de notre espèce, infinie. Mais les satisfactions et bienfaits que procure l'éducation ont longtemps été réservés à une petite élite…

Il aura ainsi fallu attendre le milieu, voire la fin du XIXe siècle pour que l'éducation fasse l'objet de politiques publiques nationales dans les pays développés (Allemagne, France, Angleterre, États-Unis notamment) : scolarisation obligatoire des enfants, d'abord jusqu'à 13 ans en 1882 (loi dite Ferry), puis 14 ans en 1936, et jusqu'à 16 ans en 1959, mise en place d'un réseau dense d'écoles et de formateurs, soit publics, soit financés en tout ou partie sur fonds publics, gratuité de l'enseignement public. La prise de conscience de l'importance de l'éducation dans le processus de formation des enfants n'est évidemment pas si récente : dès la plus haute Antiquité, les princes et les familles les plus aisées se sont préoccupés de l'éducation de leurs enfants, comme en témoignent les innombrables traités qui lui ont été consacrés au fil des siècles ; très tôt aussi, les religions ont offert à leurs ouailles des écoles et des centres de formation. Ce n'est qu'avec l'avènement de la démocratie parlementaire et la diffusion des idéaux républicains que la question éducative est devenue une affaire publique, dont Condorcet fut l'un des premiers à souligner l'importance et à énoncer les finalités et les grands principes[1] :

> Offrir à tous les individus de l'espèce humaine les moyens de pourvoir à leurs besoins, d'assurer leur bien-être, de connaître et d'exercer leurs droits, d'entendre et de remplir leurs devoirs ; assurer à chacun d'eux la facilité de perfectionner son industrie, de se rendre capable des fonctions sociales auxquelles il a droit d'être appelé, de développer toute l'étendue des talents qu'il a reçus de la nature, et par là, établir entre les citoyens une égalité de fait, et rendre réelle l'égalité politique reconnue par la loi. Tel doit être le premier but d'une instruction nationale. (Condorcet, discours devant l'Assemblée nationale, 20 avril 1792.)

Depuis la seconde moitié du XIXe siècle et la généralisation progressive de l'enseignement public, les progrès de l'éducation dans le monde ont été fulgurants, mais très inégaux : dans les pays développés, les taux de scolarisation sont, aujourd'hui, proches de 100 % dans le secondaire, mais ils ne sont que d'environ 70 % pour les pays émergents et 40 % pour les pays les moins avancés (pour les systèmes d'enseignement supérieur, ces taux sont respectivement de 70, 20 et… 5 %). Les inégalités sociales entre l'élite et le peuple sont à présent des inégalités internationales…

Comment mesurer ce qui est toujours à l'échelle du globe un privilège ? Qu'est-ce donc qu'une éducation réussie ? « Instruire », c'est, étymologiquement, construire de l'intérieur tandis qu'« éduquer », c'est guider de l'extérieur. Forme-t-on des individus, voire des agents économiques, ou des citoyens ?

---

1. Notamment dans ses *Cinq mémoires sur l'instruction publique* (1791), http://classiques.uqac.ca/classiques/condorcet/cinq_memoires_instruction/Cinq_memoires_instr_pub.pdf

À quoi bon l'éducation ?

En quoi l'éducation, l'instruction, la formation sont-elles susceptibles de contribuer au bien-être humain ? Les économistes, depuis les travaux pionniers de Theodore Schultz (1961) et de Gary Becker (1965), ont pris l'habitude d'analyser l'éducation et la formation comme un processus d'acquisition de compétences, de savoirs et d'expérience qui améliorent les capacités productives des individus : les ressources consacrées à l'éducation et à la formation ont la nature d'un investissement en capital humain, dont le rendement est le surcroît de productivité qu'il confère aux individus. Cette approche suggère deux grandes catégories de méthodes d'évaluation des systèmes éducatifs : soit par les intrants – le montant ou le volume des ressources investies dans la formation et l'accumulation de capital humain –, soit par les résultats – l'amélioration des compétences ou de la productivité des individus.

Les études et les diplômes permettent-ils d'accéder plus facilement à un emploi, favorisent-ils l'accès à des emplois bien rémunérés ? L'une des finalités de l'éducation étant l'acquisition de compétences en vue de l'insertion professionnelle et l'intégration sociale, il semble naturel d'en évaluer les résultats à la lumière de tels critères, qui renseignent sur le rendement économique et social de l'investissement dans l'enseignement, tant du point de vue de la société tout entière que d'un point de vue individuel.

Au niveau le plus général, toutes les données disponibles concordent sur l'utilité des diplômes pour l'accès à l'emploi. Les statistiques nationales françaises sur l'insertion professionnelle des diplômés de l'enseignement supérieur sont sans équivoque : l'accès à un emploi est toujours plus rapide pour les diplômés que pour les non-diplômés, et le taux d'emploi des diplômés est plus élevé que celui des non-diplômés, et il augmente avec le niveau de diplôme, du moins jusqu'à bac + 5 (master).

Dans tous les pays de l'OCDE, les taux de chômage diminuent et les taux d'emploi augmentent avec le niveau de diplôme : en moyenne dans les pays de l'OCDE, le taux de chômage était, en 2013, de 13,7 % pour les adultes sans diplôme, de 8 % pour les titulaires d'un diplôme du second degré ou d'un diplôme postbac professionnel, et de 5,3 % pour les diplômés de l'enseignement supérieur ; les taux d'emploi respectifs de ces trois catégories étaient, en 2013, de 55, 73 et 83 % .

Le rendement individuel de l'investissement éducatif peut également être évalué en comparant les niveaux de rémunération des individus selon le niveau de diplôme dont ils sont titulaires : en moyenne dans les pays de l'OCDE en 2013, pour un niveau de rémunération moyenne normé à 100, les adultes (25-64 ans) non diplômés ou titulaires d'un diplôme inférieur au second degré avaient une rémunération de 78, ceux possédant un diplôme du second degré, de 108, et ceux titulaires d'un diplôme du troisième degré long (bac + 5 ou plus) de 170. Peut-on établir un lien direct entre éducation et bien-être ? Il semble que oui : la satisfaction globale que déclarent éprouver les individus à propos de leur vie en général est nettement plus élevée pour les personnes diplômées que pour les autres (la valeur moyenne de cet indice de satisfaction pour l'ensemble de la population dans l'OCDE était, en 2012, de 6,2, mais atteignait 7,2 pour les personnes titulaires d'un diplôme de l'enseignement supérieur).

Mais cette manière individualiste d'envisager les finalités de l'éducation est, à l'évidence, beaucoup trop restrictive et ne saurait en épuiser les finalités. Dans la tradition républicaine née avec Condorcet, l'instruction publique vise aussi à corriger ou du moins atténuer les inégalités résultant de la naissance : l'éducation vise à (r)établir l'égalité des chances entre les citoyens. Pour commencer d'appréhender cette dimension sociale de l'éducation, on peut d'abord se demander quelles ressources les différents pays consacrent à l'éducation et à la formation de leur jeunesse. La manière la plus immédiate d'évaluer l'effort éducatif d'une nation consiste à comparer les dépenses d'éducation, à commencer par la part de ces dépenses publiques et financées par l'impôt[1]. Fait décisif pour apprécier le rôle de l'État au XXIe siècle et la nature des politiques publiques contemporaines, dans la majorité de ces pays, les dépenses publiques d'éducation représentent 4 à 6 fois celles consacrées à la défense nationale, alors que la proportion était pratiquement inverse il y a environ cent cinquante ans.

Exprimées en part du PIB, ces dépenses sont, du moins si l'on excepte les micro-États, partout comprises entre 4 et 6 %, au-delà même pour les pays scandinaves et l'Irlande, et atteignant les 8 % au Danemark. L'effort éducatif français y apparaît, en termes de ressources, comparable à celui des pays de taille et de développement économique voisins (Allemagne et Royaume-Uni, notamment). Qui plus est, les dépenses publiques d'éducation continuent d'augmenter.

Les données publiées par l'OCDE permettent d'affiner un peu cette évaluation par les ressources publiques consacrées à l'éducation, notamment en les ventilant par niveaux – école, collège, lycée, enseignement supérieur –, par filière de formation – générale ou professionnelle – et par élève ou étudiant. La France, en 2011, dépense, par élève, un peu plus que la moyenne OCDE, sauf dans l'enseignement primaire mais demeure toutefois loin derrière des pays comme la Norvège, qui consacrent des moyens considérables à l'éducation à tous les niveaux.

1. Les dépenses d'éducation sont aussi en partie supportées par les familles et par les étudiants eux-mêmes, dans des proportions variables selon les époques et les pays. Mais les dépenses publique d'éducation mesurent l'effort collectif et socialisé.

Les fruits inégaux et parfois amers de l'éducation

L'indicateur le plus simple de résultats du système éducatif d'un pays est la proportion de la population adulte qui a atteint au moins un certain niveau d'études et obtenu au minimum un certain diplôme. L'OCDE compile cette mesure pour la population âgée de 25 à 64 ans ayant au moins obtenu le diplôme de fin d'études secondaires – l'équivalent du baccalauréat français. Selon cet indicateur, la France, avec 71 %, fait relativement mauvaise figure, se classant, en 2013, un peu en dessous de la moyenne de l'OCDE (74 %), un rang proche de l'Irlande ou de l'Australie (73 %), du Royaume-Uni (75 %), mais bien loin derrière le Japon (92 %), les États-Unis ou le Canada (89 %)[1].

Mais il importe de dépasser cette moyenne nationale pour entrer dans le sujet français par excellence : les inégalités d'éducation. Ces inégalités sont d'abord territoriales : si la proportion des personnes âgées de 25 à 34 ans titulaires d'un diplôme de l'enseignement supérieur était voisine de 40 % en 2010, elle dépassait 50 % en Île-de-France, et était supérieure à la moyenne nationale en Rhône-Alpes, Midi-Pyrénées et Aquitaine, mais ne dépassait pas 30 % en Basse-Normandie, dans le Nord-Pas-de-Calais, en Champagne-Ardenne[2]...

Cependant le niveau de diplôme obtenu ne dit pas précisément les compétences acquises et effectivement maîtrisées. Les tests élaborés par l'OCDE dans le cadre du programme PISA (*Programme for International Student Assessment*, Programme pour l'évaluation

1. Les données sont disponibles sur le site de l'OCDE, notamment dans la base de données « Indicateur vivre mieux » (*Better Life Index*), http://stats.oecd.org/viewhtml.aspx ?datasetcode=BLI2013&lang=fr
2. Données de l'INSEE, compilées par la DATAR, http://www.datar.gouv.fr/observatoire-des-territoires/fr/itdd-part-des-jeunes-titulaires-d-un-dipl-me-de-l-enseignement-sup-rieur

internationale des étudiants)[1] permettent d'évaluer, selon des critères comparables, les capacités des élèves âgés de 15 ans en mathématiques, en sciences et en compréhension de l'écrit[2]. La France affiche, en 2012, un score moyen en mathématiques de 495 points, qui la place juste au-dessus de la moyenne de l'OCDE (494), au 23e rang des pays évalués, à égalité avec le Royaume-Uni, mais loin derrière la Corée du Sud (554), le Japon (536), la Suisse (531), ou l'Allemagne (514). Il en va de même en sciences, pour lesquelles la France atteint le score de 499 points – au-dessous de la moyenne OCDE (501) –, et un peu mieux pour la compréhension de l'écrit (505, alors que la moyenne OCDE se situe à 496).

Mais c'est sur les inégalités de performances entre élèves de 15 ans d'un même pays, davantage encore que les scores moyens, que les données de l'OCDE se révèlent riches… d'enseignements. Elles montrent ainsi que l'école française ne parvient pas à réduire les inégalités entre élèves : en mathématiques, si près de 12,9 % des élèves français avaient, en 2012, des performances très supérieures à la moyenne, 22,4 % d'entre eux n'atteignaient pas le niveau 2 (sur 6), alors qu'en Allemagne (score moyen 514 en mathématiques), les pourcentages correspondants étaient respectivement 17,5 % et 17,7 %. De même, l'influence de l'origine sociale sur les performances éducatives des élèves est, en France, nettement supérieure à celle des autres pays.

L'école française n'est donc pas ou plutôt n'est plus la fabrique de l'égalité rêvée par tant de grandes figures nationales, de Victor Hugo à Jean Jaurès. C'est aujourd'hui une vérité admise, dont la prise de conscience a été fortement accélérée ces dix dernières années par la publication de nouveaux indicateurs de bien-être. Il faut à présent en tirer toutes les conséquences de politique publique…

1. Les principaux résultats de l'enquête PISA 2012 sont accessibles sur http://www.oecd.org/pisa/keyfindings/pisa-2012-results-overview-FR.pdf

2. Depuis 2000, plusieurs vagues de ces tests ont été conduites et publiées, de sorte que l'on dispose aujourd'hui de séries temporelles qui permettent de mettre en lumière certaines évolutions.

Pour autant, les indicateurs PISA nous invitent aussi à la prudence et même à la critique. L'évaluation internationale des connaissances implique nécessairement que les tests proposés aux élèves soient standardisés et il importe alors de s'interroger sur les qualités qui sont ainsi effectivement mesurées. Dans le cas de PISA, de nombreuses voix se sont élevées pour souligner le caractère réducteur des évaluations. De fait, le classement des pays selon le score PISA révèle quelques surprises…

Depuis plusieurs années, c'est la Finlande qui figurait au sommet du classement. On vante, à raison, le caractère coopératif et non punitif de l'enseignement finlandais dont l'école française pourrait certainement s'inspirer avec profit. Mais il est impossible de « copier-coller » des institutions aussi complexes que l'école d'un pays à un autre : le modèle finlandais existe à l'intérieur d'un système qui possède sa cohérence. Le classement PISA entend promouvoir des bonnes pratiques éducatives mais cette dissémination ne peut être envisagée hors des cultures nationales. En outre, les pays donnés en exemple au reste du monde peuvent être en réalité des contre-modèles : le classement 2012 indique ainsi que le score PISA de la Corée du Sud est supérieur en mathématiques et en lecture à celui de la Finlande et nettement supérieur à celui de la France. Mais s'agit-il d'élèves instruits ou d'élèves instruits à réussir les tests de compétence ? Les témoignages sur la brutalité du système d'enseignement sud-coréen ne manquent pas : horaires interminables, surcharge de travail, méthodes d'apprentissage par cœur, sévérité des sanctions, etc.

Il importe donc de qualifier l'indicateur de résultat final, le « score PISA », par une mesure des moyens utilisés pour l'obtenir. Le bien-être des élèves (mesuré par le pourcentage de ceux qui se déclarent heureux à l'école) en est une indication possible : la Corée du Sud se classe dernière de tous les pays de l'OCDE selon cette mesure. La question du bien-être des élèves importe donc de manière essentielle dans la mesure de la qualité des systèmes éducatifs : si ceux-ci ont acquis leurs connaissances au prix d'un sacrifice de leur santé physique ou mentale par exemple, leur contribution à la société en sera affectée. Et leur propre capacité d'éducation aussi. La question de l'éducation et celle du bonheur ont donc partie liée. La différence entre une éducation heureuse et malheureuse, bien identifiée par Rabelais dans son *Gargantua*, n'est rien d'autre que le monde qui sépare une éducation disciplinaire qui déforme plus qu'elle ne forme[1] et une éducation véritable qui apprend à apprendre.

1. Rappelons que le précepteur Ponocrates doit se résoudre à faire ingurgiter à Gargantua un philtre d'oubli pour le désintoxiquer des enseignements scholastiques de ses premiers professeurs…

CHAPITRE 5

Poursuivre le bonheur

Le bonheur est assurément la dimension du bien-être humain la plus insaisissable. Si définir le bonheur apparaît presque impossible, comment raisonnablement penser le mesurer ? Aristote, dans son *Éthique à Nicomaque*, écrit en 350 avant notre ère, ne s'y trompe pas. Le bonheur, auquel il consacre le premier chapitre d'un ouvrage qui se veut une feuille de route pour son fils, est selon lui à la fois l'aspiration la plus universelle de l'humanité (ce que désirent le plus chèrement tous les humains sans exception) et la valeur la moins partagée qui soit (personne ou presque ne s'accorde sur sa définition) :

> Puisque toute connaissance, tout choix délibéré aspire à quelque bien, voyons quel est selon nous le bien où tend la Politique, autrement dit quel est de tous les biens réalisables celui qui est le Bien suprême...
>
> Sur son nom, en tout cas, la plupart des hommes sont pratiquement d'accord : c'est le bonheur au dire de la foule aussi bien que des gens cultivés ; tous assimilent le fait de bien vivre et de réussir au fait d'être heureux.
>
> Par contre, en ce qui concerne la nature du bonheur, on ne s'entend plus, et les réponses de la foule ne ressemblent pas à celles des sages. Les uns, en effet, identifient le bonheur à quelque chose d'apparent et de visible, comme le plaisir, la richesse ou l'honneur ;

pour les uns c'est une chose et pour les autres une autre chose ; souvent le même homme change d'avis à son sujet : malade, il place le bonheur dans la santé, et pauvre, dans la richesse.

Le bonheur, contrairement à ce qu'affirmait Saint-Just le 3 mars 1794, n'est donc pas une « idée neuve » en Europe, la philosophie grecque l'a consacrée il y a plus de deux mille ans comme le principe supérieur de l'existence humaine, l'horizon de la bonne vie (une école philosophique antique, connue sous le nom d'eudémonisme, fait même du bonheur la seule finalité de l'existence humaine). La nouveauté réside sans doute davantage, au siècle des Lumières et donc dans notre modernité, dans la combinaison de la démocratie libérale et du principe de bonheurs, c'est-à-dire dans l'acceptation du caractère également estimable des différentes conceptions du bonheur (Aristote et nombre de ses contemporains ne considéraient comme digne de l'homme que le bonheur supérieur de l'étude et de la vie publique).

Nous reconnaissons aujourd'hui qu'il y a à peu près autant de formes possibles de bonheur qu'il y a d'humains et que la vie d'un individu elle-même recèle de multiples types de bonheurs, qui ne cessent au demeurant d'évoluer (le bonheur d'hier n'est pas le bonheur d'aujourd'hui). C'est d'autant plus vrai dans nos sociétés où l'individualisme prévaut et laisse la voie libre à tous les désirs, en principe en tout cas (car l'individualisme est loin d'être en contradiction avec la standardisation, y compris celle du bonheur).

Le point de départ de toute étude sur le bonheur doit donc être la reconnaissance de sa polysémie et de sa pluralité. On peut à cet égard remarquer que le propre de nombreux régimes dictatoriaux est de définir de manière univoque le bonheur de leurs citoyens et d'entreprendre à tout prix de le réaliser, y compris et surtout contre leur gré…

Plaisirs et bonheurs

Pour l'heure, et une fois accepté comme principe la polyphonie du bonheur, il nous faut entrer dans la question de sa mesure. S'il ne peut exister de définition substantielle du bonheur applicable à l'aveugle à toutes les existences humaines, peut-il en exister une définition générique ? Il peut être parfaitement pertinent de se demander si un individu ou un groupe de personnes sont heureux (selon leurs propres termes), sans préjuger de la nature de leur bonheur. C'est alors, plus que le bonheur, la « poursuite du bonheur » que l'on tente de mesurer, pour reprendre l'expression juste utilisée par Thomas Jefferson dans la Déclaration d'indépendance américaine (1776). Garantir à ses citoyens non pas le bonheur mais la poursuite du bonheur c'est leur assurer les conditions de possibilité d'un bonheur qu'il revient à chacun(e) de définir. La puissance publique se donne simplement comme but de garantir la possibilité de la pluralité des voies personnelles vers le bonheur.

Deux instruments de mesure de ce bonheur à géométrie variable ont été développés dans les années récentes. La première méthode consiste à interroger des échantillons d'individus sur les émotions ressenties par eux dans la journée ou les jours qui ont précédé. Ces affects peuvent être positifs (une rencontre amoureuse, une promotion professionnelle) ou négatifs (une dispute familiale, une mauvaise nouvelle). En faisant la somme des affects positifs ou négatifs, on obtient une mesure du « bonheur net » et on peut alors comptabiliser au sein d'un échantillon donné le pourcentage d'individus qui seront jugés « heureux » (c'est-à-dire ayant davantage d'affects positifs que négatifs) ou à l'inverse malheureux. On perçoit immédiatement la limite de ce type d'instruments rudimentaires et la difficulté de leur donner un sens, mais la question posée, celle des affects négatifs ou positifs, n'en demeure pas moins intéressante.

Pour s'en convaincre on peut se tourner vers des travaux qui permettent de reconstituer à partir de données d'enquêtes les moments de bonheur ou au contraire de malheur vécus au cours de la journée d'une catégorie de personnes, par exemple des employées américaines vivant dans l'État du Texas (voir tableau 2).

Tableau 2. Les plaisirs de la journée

	Indice de bonheur (échelle de 1 à 5)	**Nombre d'heures/ jour**
Relations sexuelles	4,7	0,2
Relations sociales après le travail	4,1	1,1
Dîner	4,0	0,8
Détente	3,9	2,2
Déjeuner	3,9	0,6
Activité physique	3,8	0,2
Prière	3,8	0,5
Relations sociales au travail	3,8	1,1
Télévision	3,6	2,2
Téléphone	3,5	0,9
Sieste	3,3	0,9
Cuisine	3,2	1,1
Shopping	3,2	0,4
Ordinateur	3,1	0,5
Tâches ménagères	3,0	1,1
Garde des enfants	3,0	1,1
Transport (retour)	2,8	0,6
Travail	2,7	6,9
Transport (aller)	2,0	0,4

Source : repris de Kanheman (2003) cité par Layard (2005).

On peut à l'aide de ces données simples (et en gardant à l'esprit toutes les limites qui leur sont attachées) percevoir une réalité forte : la vie humaine n'est pas organisée selon un principe de bonheur. Un temps maximum est consacré aux activités qui sont jugées les plus déplaisantes alors que les moments les plus heureux de l'existence occupent à peine 5 heures dans une journée… On peut dès lors se demander pourquoi davantage d'individus ne se déclarent pas malheureux dans les enquêtes dont on dispose ! Une dimension subjective du bien-être, le bonheur, ouvre en tout cas sur une autre mesure possible, objective : le temps consacré aux différentes activités humaines (c'est l'objet du chapitre suivant).

Au vu du caractère instantané des sentiments enregistrés, on peut considérer que ce type d'enquête mesure plus le plaisir que le bonheur (il s'agit davantage, pour reprendre les généalogies intellectuelles grecques, d'hédonisme que d'eudémonisme). Un autre instrument de mesure existe (heureusement) pour refléter le jugement à la fois plus profond et plus durable que les personnes forment sur l'existence qu'elles mènent : la « satisfaction à l'égard de la vie ».

Le tableau 3 donne une illustration de cette donnée recueillie pour les pays de l'OCDE à la fois en 2012 (ce sont les dernières données disponibles) et au cours des cinq années entre le déclenchement de la crise financière et de la « grande récession » et 2012.

On constate que contrairement à l'idée reçue et souvent reprise du « malheur français », la France se situe exactement dans la moyenne des pays de l'OCDE. On constate également que la crise économique se traduit par la baisse marquée du sentiment de bien-être dans des pays comme la Grèce, l'Italie ou l'Espagne.

Il s'agit, comme pour la mesure des affects, d'une évaluation subjective du bien-être (on interroge les personnes sur leur sentiment plutôt que de mesurer ce qu'elles font ou ce qu'elles possèdent) mais la question posée a ici une portée plus grande que celle des sentiments de plaisir ou de déplaisir immédiats[1].

1. Le sondage Gallup repris ici par l'OCDE demande aux répondants « d'imaginer une échelle à 11 échelons sur laquelle l'échelon du bas (0) représente la vie la plus

Tableau 3. La crise du bonheur

	Degré moyen de satisfaction à l'égard de l'existence sur une échelle à 11 échelons (0-10), 2012	**Évolution du degré de satisfaction à l'égard de l'existence entre 2007 et 2012**
Suisse	7,8	0,3
Norvège	7,7	0,2
Islande	7,6	0,7
Suède	7,6	0,4
Danemark	7,5	-0,3
Pays-Bas	7,5	0,0
Autriche	7,4	0,3
Canada	7,4	-0,1
Finlande	7,4	-0,3
Australie	7,2	-0,1
Nouvelle-Zélande	7,2	-0,4
Israël	7,1	0,3
Mexique	7,1	0,6
Irlande	7,0	-0,4
Luxembourg	7,0	0,0
États-Unis	7,0	-0,5
Belgique	6,9	-0,3
Royaume-Uni	6,8	0,0
Allemagne	6,7	0,3
OCDE	6,612	-0,054
France	6,6	0,0

détestable que vous pourriez mener et l'échelon du haut (10), la meilleure vie possible pour vous. À votre avis, sur quel échelon vous situez-vous à l'heure actuelle ? ».

	Degré moyen de satisfaction à l'égard de l'existence sur une échelle à 11 échelons (0-10), 2012	Évolution du degré de satisfaction à l'égard de l'existence entre 2007 et 2012
Chili	6,5	0,8
République tchèque	6,3	-0,2
Espagne	6,3	-0,7
Slovénie	6,1	0,3
Japon	6,0	-0,2
Corée	6,0	0,2
Pologne	5,9	0,0
République slovaque	5,9	0,6
Italie	5,8	-0,8
Estonie	5,4	0,1
Turquie	5,3	-0,3
Grèce	5,1	-1,5
Portugal	5,0	-0,6
Hongrie	4,7	-0,3
Brésil	6,7	0,4
Arabie Saoudite	6,6	-0,7
Argentine	6,5	0,4
Fédération de Russie	5,6	0,4
Indonésie	5,4	0,3
Chine	5,1	0,2
Inde	4,7	-0,3
Afrique du Sud	4,5	-0,7

Source : OCDE.

On peut d'ailleurs utiliser ces données de manière dynamique pour considérer, non pas les moments ou les temps de bonheur dans une journée, mais ce que l'on pourrait nommer le « cycle de vie du bonheur », c'est-à-dire l'évolution du niveau de bonheur aux différents âges de la vie. Cet usage des données révèle une vérité philosophique sur l'existence humaine qui fait une grande place à l'apprentissage et à l'expérience : selon les études disponibles, qui portent souvent sur un public américain (précision souvent oubliée mais qui a son importance), le bonheur augmente graduellement pour atteindre un pic à la cinquantaine avant de décroître là aussi graduellement. Il semble donc que l'on apprenne à devenir heureux.

L'INSEE a conduit récemment une enquête de ce type sur un public français, et le profil de bonheur qui en résulte diffère en partie de celui qui s'observe outre-Atlantique : la satisfaction à l'égard de la vie est relativement forte à 20 ans, elle décline jusqu'à 50 ans avant de croître et de culminer peu avant 70 ans puis de retomber légèrement après en se maintenant toutefois au-dessus de son niveau à 20 ans. Cette étude, comme tout traitement savant de données complexes, est sujette à la critique de la raison, mais c'est aujourd'hui l'étude la plus aboutie en France sur la question et elle est riche d'enseignements pour les pouvoirs publics.

De même que les études sur le bonheur immédiat au cours de la journée peuvent révéler une inadéquation fondamentale du mode de vie et de l'usage du temps disponible aux aspirations des personnes, l'écart entre le bonheur intense des plus de 50 ans et le relatif malheur des plus jeunes en France doit être une source de réflexion pour les autorités en charge des politiques sociales. Notamment si celles-ci s'interrogent non seulement sur ces données subjectives mais aussi sur leurs déterminants objectifs.

Il est en effet particulièrement fécond de combiner observations du sentiment de bonheur et analyse des causes potentielles de ce sentiment. On peut ainsi décomposer le sentiment global ou agrégé de bonheur pour en explorer les différentes composantes (vie sentimentale, amicale, santé, vie professionnelle, niveau de revenu, etc.). L'étude de ces déterminants au cours des âges de la vie peut aider à comprendre la prépondérance de certaines dimensions à certains âges, les éventuelles compensations entre les dimensions et orienter les pouvoirs publics vers tel ou tel problème qui serait de leur ressort (le déclin de la satisfaction à l'égard de la santé des plus âgés est certes un phénomène naturel, mais les comparaisons internationales de ce niveau de satisfaction et le constat d'écarts importants entre pays doivent être source d'action publique, il en va de même pour la jeunesse).

Ce constat d'un bonheur déterminé par différents facteurs nous amène directement à une problématique centrale, bien connue mais souvent mal comprise des études sur le bonheur : le rapport entre bonheur et revenu. Les études sur cette thématique datent très précisément de la publication dans la première moitié des années 1970 de plusieurs articles fondateurs par l'un des meilleurs spécialistes mondiaux de la question, William Easterlin.

Il peut sembler de simple bon sens de considérer que le bonheur ne dépend pas du revenu (« l'argent ne fait pas le bonheur ») et qu'il s'agit là d'une dimension du bien-être qui échappe en partie au moins aux conditions matérielles. Mais l'étude des relations entre bonheur et revenu se révèle précieuse car elle permet d'éclairer les relations entre indicateurs objectifs et subjectifs de bien-être. À cet égard, on ne peut se contenter d'ignorer les données observées à partir des relations marchandes : les marchés sont utiles parce qu'ils révèlent les préférences des personnes, la consommation de tel ou tel bien (les téléphones portables par exemple) est un indice de ce que les individus aiment ou n'aiment pas. Mais il est impossible d'en tirer des conclusions sur ce que les gens éprouvent au contact de ces biens et sur le fait que cette possession matérielle les rend heureux (ou pas). Pour mettre en relation conditions matérielles et dimensions immatérielles du bien-être, il importe de comparer ce que les gens font, ont et ce qu'ils en disent.

Les leçons du « paradoxe d'Easterlin »

Le « paradoxe d'Easterlin » permet précisément d'éclairer cette question, il se compose de trois observations tirées des enquêtes existantes, de trois constats empiriques.

Le premier constat est que les plus riches, dans une société donnée et à un moment donné du temps, se déclarent plus heureux que les plus pauvres. Ce constat est confirmé par nombre d'études et il est valable aussi bien entre les individus à l'intérieur d'un pays qu'entre deux pays de niveaux de développement différents.

L'INSEE a ainsi établi que les Français sont plutôt heureux en moyenne (ils sont plus des deux tiers à se situer entre 7 et 10 sur une échelle de 0 à 10, voir tableau 4).

Tableau 4. La satisfaction dans la vie des Français

Valeur sur l'échelle de satisfaction	% des Français
0	0,5
1	0,6
2	1,0
3	2,2
4	2,9
5	14,1
6	15,2
7	25,6
8	25,3
9	8,7
10	3,9
Total	100

Source : INSEE.

Mais, alors que le bonheur est concentré dans les échelons de revenu supérieur, le malheur est concentré dans les échelons les plus bas (22,5 % des plus modestes se disent « très insatisfaits » de leur vie, contre 1,8 % parmi les plus riches, tandis que 23,4 % de ces plus riches se déclarent « très satisfaits » de leur vie contre 6,7 % des plus modestes). Cette inégalité de félicité est confirmée par l'OCDE, qui montre que sur une échelle de bonheur de 1 à 7, les 10 % des Français les plus riches se déclarent en moyenne 4 points plus heureux que les 10 % les plus pauvres.

Cependant, deuxième constat du « paradoxe d'Easterlin », à mesure que le revenu augmente dans le temps pour un pays donné, les individus ne se déclarent pas plus heureux. Le cas le plus étonnant ces dernières années de ce point de vue est sans doute celui de la Chine, qui a vu son revenu par habitant être multiplié par un facteur 4 depuis le début des années 1990 alors que les différentes enquêtes sur la satisfaction des Chinois à l'égard de leur existence indiquent soit une stagnation, soit une baisse de niveau[1]. Des données similaires existent pour la France, les États-Unis et les pays de l'OCDE : le revenu par habitant y a crû de manière très importante au cours des quatre dernières décennies (il a la plupart du temps plus que doublé), mais le sentiment de bonheur ressemble à un encéphalogramme désespérément plat. Il n'y a donc pas de relation mécanique au cours du temps entre accroissement du revenu et accroissement du bonheur.

Enfin, dernier constat, qui se rapproche du précédent, une hausse du revenu moyen d'un pays ne s'accompagnera pas d'une amélioration proportionnelle du bien-être subjectif moyen de la population dans ce pays (les pays sont proportionnellement plus riches qu'ils ne sont plus heureux au cours du temps).

Ces trois constats pris ensemble ouvrent un horizon passionnant d'analyse et de questionnement sur les sociétés contemporaines.

---

1. Richard A. Easterlin, Robson Morgan, Malgorzata Switek, Fei Wang, « China's life satisfaction 1990-2010 », *PNAS*, 2012, 109 (25), p. 9775-9780.

D'une part, il apparaît que les inégalités économiques et sociales sont aussi des inégalités de bonheur, qu'il faudrait donc pouvoir corriger avec des moyens adéquats. Mais, d'autre part, augmenter indéfiniment le PIB par habitant dans une société donnée ne conduira pas à une augmentation du bien-être humain mesuré par le bonheur subjectif (on parle à juste titre à cet égard de « point de satiété »). Or, compte tenu de la nature actuelle de la croissance économique des pays du globe, cette augmentation du PIB a des conséquences le plus souvent néfastes en termes d'émissions de CO_2, de destruction de la biodiversité ou de dégradation des écosystèmes (c'est certainement le cas pour la Chine depuis les années 1990), alors même que le progrès qu'elle induit en matière de bonheur est très faible, voire négatif. Pour le dire clairement, les Chinois ont beaucoup perdu de leurs ressources environnementales les plus vitales (l'eau et l'air) sous l'effet d'une croissance effrénée pour un gain en termes de bonheur qui paraît très limité...

Aux origines du bonheur

Quels sont donc les autres déterminants du bonheur en dehors du revenu ? Celui-ci joue-t-il un rôle si central pour le bien-être subjectif déclaré par les personnes ? Cette question extrêmement intéressante a été explorée à l'aide de dispositifs empiriques qui ne se contentent pas de mettre en rapport bonheur déclaré et revenu possédé mais comparent l'influence respective du revenu et d'autres facteurs tels que les relations sociales, le niveau d'éducation ou encore l'accès aux libertés civiles et aux droits politiques pour départager leur importance dans l'« équation du bonheur ». Un résultat fondamental se fait alors jour : si la relation entre bonheur et revenu est forte lorsque seules ces deux variables sont mises en présence, elle s'efface devant l'importance des relations sociales et de la jouissance des libertés civiles dès que ces autres déterminants sont pris en considération.

Si les pouvoirs publics veulent augmenter le niveau de bonheur des citoyens, il est donc plus important d'améliorer directement ces dimensions plutôt que d'augmenter le revenu, dont la relation apparemment forte avec le bonheur est en partie artificielle. Le récent *Rapport mondial sur le bonheur* indique que ce fait est vrai pour une grande majorité des pays du monde, quel que soit leur niveau de développement : le revenu est une composante du bonheur mais ce n'en est pas le déterminant principal, il arrive le plus souvent derrière l'accès aux relations sociales et aux libertés individuelles.

Cette comparaison internationale nous oriente vers une nouvelle question, lancinante dans l'ordre mondial : les différents pays du globe ont-ils tous la même conception du bonheur au-delà de l'aspiration universelle aux relations sociales et aux libertés individuelles ? C'est le petit pays du Bouthan qui a le premier clairement posé cette question en adoptant dès 1972 une conception holistique du bonheur (plutôt que centrée sur l'individu) et en développant des instruments de politique publique afin de le mesurer et de l'accroître.

Une politique du bonheur ?

Le « Druk Gyalpo », sa majesté Jigme Singye Wangchuck, souverain du Bouthan, a en effet fait part à ses sujets dès le début des années 1970 de sa volonté de doter le pays d'un indice de « Bonheur national brut » en référence et pour faire opposition à l'adoption quelque trois décennies auparavant par les pays occidentaux du produit intérieur brut. Il s'agissait donc de refuser qu'une mesure purement économique et monétaire n'accapare l'attention des pouvoirs publics (en l'occurrence monarchiques et absolus jusqu'à une date très récente), de ce pays attaché à ses valeurs culturelles et à un développement harmonieux conciliant respect des traditions et ouverture à la modernité.

Mais on peut également lire cette tentative pionnière comme un défi lancé aux tenants du bonheur « à l'occidentale ». Le bonheur, expliquent les Bouthanais, est non seulement multidimensionnel mais holistique, contrairement à l'approche centrée sur les satisfactions plus ou moins immédiates d'un individu qui se pense comme un atome. « La poursuite du bonheur est collective, même si son expérience est intimement personnelle », peut-on lire sur les documents officiels de la « Commission du bonheur national brut » du pays. La voie bouthanaise vers le bonheur appelle au moins trois observations : d'abord, on peut déclarer s'intéresser au bonheur de ses habitants tout en maintenant un régime de limitation forte des libertés civiles et des droits politiques et un niveau de développement humain très faible, ce qui est troublant ; ensuite, il y a bien une dimension sociale du bonheur, que l'on retrouve d'ailleurs dans les enquêtes conduites dans les pays occidentaux (en France notamment, où l'INSEE a repéré l'importance des relations sociales dans le bien-être subjectif) ; enfin, l'usage par les autorités bouthanaises des données collectées à partir de l'indicateur du bonheur national brut est tout sauf clair, ce qui pose pour finir la question de la pertinence d'une éventuelle « politique du bonheur ».

On l'a dit en ouverture de ce chapitre, l'évocation d'une telle politique a de quoi faire frémir au vu de l'histoire des dictatures et de leur représentation dans la littérature. *Le Meilleur des mondes* d'Aldous Huxley (1932) met justement en scène une société totalitaire vouée au sacrifice des libertés individuelles sur l'autel d'un bonheur prédéfini avant même la naissance. Un des héros de cette glaçante dystopie réclame à cor et à cri le « droit au malheur », qui s'apparente ici à un droit à l'humanité :

> « Mais je n'en veux pas, du confort. Je veux Dieu, je veux de la poésie, je veux du danger véritable, je veux de la liberté, je veux de la bonté. Je veux du péché.
>
> – En somme, dit Mustapha Meunier, vous réclamez le droit d'être malheureux.

– Sans parler du droit de vieillir, de devenir laid et impotent ; du droit d'avoir la syphilis et le cancer ; du droit d'avoir trop peu à manger ; du droit d'avoir des poux ; du droit de vivre dans l'appréhension constante de ce qui pourra se produire demain ; du droit d'attraper la typhoïde ; du droit d'être torturé par des douleurs indicibles de toutes sortes. »

Il y eut un long silence.

Ce « meilleur des mondes » est sans doute très loin de l'esprit des promoteurs actuels de la politique du bonheur, mais il importe de garder en tête que cette attention portée au bien-être individuel, tout droit venue du XVIIIe siècle, a partie liée avec l'utilitarisme économique. Les deux courants de pensée ne forment qu'un dans la matrice de Jérémy Bentham qui écrit en 1798 : « C'est le plus grand bonheur du plus grand nombre qui est la mesure du bien et du mal » (« *It is the greatest happiness of the greatest number that is the measure of right and wrong* »).

Mais la politique du bonheur prend souvent appui dans les travaux contemporains sur une « économie du bonheur » dont la fragilité théorique et empirique est inversement proportionnelle à la grandiloquence des recommandations. L'hypothèse reprise sans questionnement d'une société française en proie au malheur, à la dépression collective et au pessimisme foncier qu'il importerait de déverrouiller pour la libérer de ses blocages psychologiques est tout à fait typique d'un usage nocif des indicateurs de bien-être et de soutenabilité. Ceux-ci ne doivent pas être instrumentalisés dans une psychologisation des questions sociales qui fait tranquillement l'impasse sur l'état des institutions ou les erreurs de politique économique commises dans la période récente. Le registre pathologique de la « dépression française » est une manière pour les politiques de s'exonérer de leur responsabilité en renversant la crise de défiance vers les citoyens. Avec le bonheur, l'étude du bien-être pénètre au cœur du sentiment humain, où elle trouve sa pleine raison d'être mais où elle peut tout aussi bien s'égarer.

L'analyse des bonheurs français est autrement plus complexe, laissant entrevoir des nuances subtiles et justement très intéressantes entre un découragement certain quant à l'état des partis politiques et de la situation économique et une véritable félicité privée qui contraste avec l'abattement public. Cette configuration laisse penser qu'il existe des trésors de ressources dans la société française qui ne demandent qu'à être mobilisés à condition d'être reconnus et valorisés. Mais cela suppose que les responsables politiques français en terminent avec la rhétorique de la dépréciation d'une France bloquée et périmée.

Cette prudence n'équivaut pas à dénier toute pertinence à une politique publique informée par les indicateurs de bonheur dont les visées seraient limitées et raisonnables. Ainsi les meilleurs travaux sur le bonheur conduisent à des interrogations proprement philosophiques sur l'organisation de la vie humaine et notamment au constat selon lequel le niveau de satisfaction est bien plus élevé s'agissant d'activités qui échappent à la comparaison sociale comme la culture, l'amitié ou la vie de famille (par opposition à la vie professionnelle).

Dès lors, une puissance publique soucieuse du bonheur de ses citoyens peut utilement se consacrer à la recherche d'un meilleur équilibre entre vie privée et vie professionnelle et plus généralement vouloir libérer le temps de la vie privée. La politique du temps est une idée neuve en Europe !

CHAPITRE 6

Prendre le temps

Du temps libre, du temps de loisir, du temps pour soi. Depuis des siècles, dans les sociétés développées, on réduit le temps de travail, et si certaines initiatives volontaristes ont suscité la polémique, si certains revers de fortune incitent parfois à revenir temporairement en arrière, la tendance globale de long terme est indéniable. Ces évolutions séculaires de l'organisation productive des sociétés ont été rendues possibles par l'accroissement formidable de la productivité du travail, qui fait qu'une heure travaillée fournit des biens et services en quantité suffisante non seulement pour subvenir aux besoins humains élémentaires, mais aussi pour assouvir les désirs qu'engendre la disponibilité du temps. Elles ont permis au plus grand nombre, dans les pays plus riches, de libérer une part croissante de leur temps naguère presque entièrement absorbé par les tâches productives.

Mais à quoi occupe-t-on le temps ainsi « libéré » ? Le temps de « non-travail » est-il un temps choisi, dont chacun dispose à sa guise pour se livrer aux activités qu'il préfère ? C'est souvent ainsi que les économistes représentent les choix d'activité des individus ; mais la réalité n'est pas tout à fait celle-là, pour la plupart d'entre nous. Une part non négligeable du temps dont nous disposons quotidiennement est, de fait, consacrée à des activités contraintes : temps dédié à l'emploi ou aux études, temps absorbé par les trajets domicile-travail

– ou domicile-études –, temps nécessaire à l'accomplissement des tâches ménagères et domestiques. Le temps qui reste peut alors sembler bien court…

Dans l'emploi de notre temps, nous sommes plus ou moins contraints ; et si nos journées font toutes 24 heures, nous ne sommes pas égaux, loin s'en faut, en matière de disponibilité du temps. La question de l'emploi du temps a longtemps constitué un point aveugle de la mesure, faute de données statistiques suffisamment nombreuses et comparables. Depuis quelques décennies, d'abord aux États-Unis puis dans les pays de l'UE, les instituts statistiques collectent des données d'enquête sur l'usage que font les individus de leur temps. Encore trop peu nombreuses et insuffisamment fréquentes dans les pays européens, ces données fournissent un éclairage précieux sur une composante essentielle du bien-être des individus, et sur des dimensions d'inégalités – entre hommes et femmes, entre territoires – que l'on soupçonnait certes, mais dont on peut enfin évaluer l'ampleur.

Le temps, métrique suprême

La « RTT » (réduction du temps de travail) d'un côté, « travailler plus pour gagner plus » de l'autre ; ouverture des magasins le dimanche ou respect du repos dominical. Dans la France contemporaine, les débats sur le temps semblent se cantonner au partage travail-loisir ; mais la question de l'affectation du temps est bien plus complexe et fondamentale. Le temps est, en effet, la ressource personnelle ultime et sa rareté est au cœur de presque toutes les tentatives humaines pour desserrer les contraintes qui pèsent sur l'existence. Il est le code parfois caché de l'organisation du monde. Il entretient, de ce fait, des rapports étroits avec le revenu et avec l'espace.

Pour tous, la vie humaine est, en effet, bornée et les journées ne font que 24 heures, ce qui peut paraître assurer une certaine égalité, en réalité illusoire. Dans les civilisations antiques et jusqu'à la double révolution, démocratique et industrielle, du XVIIIe siècle, la société était partagée en deux classes, profondément inégales : une classe « oisive », qui ne travaillait pas, en tout cas pas de ses mains, et une classe « laborieuse », dont le statut – esclavage, servage ou main-d'œuvre libre et rémunérée – a varié selon les lieux et les époques. Aux premiers, le temps libre, dont ils pouvaient choisir l'affectation ; aux seconds, le temps contraint de la production pour subvenir à leurs besoins et assurer aux premiers un revenu suffisant pour agrémenter leurs loisirs…

Dans les sociétés contemporaines, notamment les plus avancées économiquement, les contraintes et les choix d'affectation du temps sont répartis de manière moins rigide, mais pas plus égalitaire. En premier lieu, parce que, comme l'a montré le chapitre sur la santé, la longévité n'est pas répartie de manière égale. Et parce que les inégalités de revenu engendrent des inégalités dans les possibilités de choix de répartition du temps. Pour ceux qui bénéficient de revenus élevés, quelle qu'en soit la raison, il est possible de libérer du temps en acquérant des services marchands, en confiant à d'autres, contre rémunération, certaines tâches ; il est également possible de choisir son lieu de résidence pour limiter le temps passé dans les transports. À l'autre extrémité de l'échelle des revenus, seuls des horaires de travail plus lourds permettent d'accéder à un revenu plus confortable, tandis que les choix de résidence sont plus contraints par les coûts de l'immobilier et que la faiblesse des revenus interdit l'accès à des services marchands susceptibles de libérer une partie du temps consacré aux tâches domestiques. Le temps apparaît ainsi comme une ressource rare pour tous – nous disposons tous du même « budget temps » –, mais avec de grandes différences dans ce qu'il faut bien appeler le « prix du temps ».

La journée d'un Français

À quoi ressemble la journée moyenne d'un Français[1] ? Elle est, pour presque moitié, consacrée au « temps physiologique » : sommeil – de moins en moins –, toilette et soins – de plus en plus –, repas. Les quelque douze heures qui restent se partagent en trois blocs (graphique 6) : un peu plus de 3 heures pour la vie professionnelle et à peu près autant pour les travaux domestiques ; et près du double pour le temps libre (loisir et sociabilité) et les transports hors trajets domicile-travail. Peu ou prou, on retrouve ce même partage du temps dans tous les pays de l'OCDE. L'homme

Graphique 6. La journée moyenne d'un Français en 2010, en heures

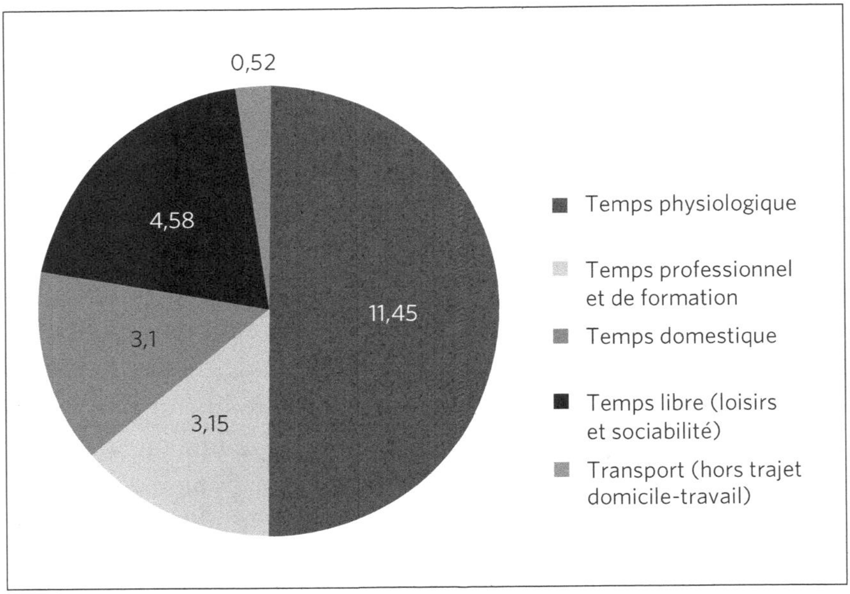

Source : INSEE, EDT.

1. http://www.insee.fr/fr/themes/document.asp ?ref_id=ip1377#inter4

reste donc largement un être biologique ! À l'évidence, cette moyenne d'ensemble pour la population française masque de fortes disparités, notamment en ce qui concerne le temps de travail et de formation (celui-ci atteint près de 6 heures pour les hommes salariés et 7,30 heures pour les indépendants, soit plus du double de la moyenne française). Et pourtant, de précieux enseignements peuvent être tirés de ces chiffres par définition trop généraux...

Le travail gratuit des femmes

Les Français, comme la majorité des citoyens des pays de l'OCDE, passent en moyenne aujourd'hui moins de temps au travail que dans les autres activités, vie familiale, soins personnels ou activités récréatives. Cependant, il existe d'importantes différences entre pays développés dans le partage du temps entre vie professionnelle et vie personnelle/familiale : des durées du travail en moyenne plus longues dans les pays anglo-saxons, plus courtes dans les pays d'Europe continentale. De même, parmi ceux qui ont un emploi rémunéré, le pourcentage de personnes ayant des « horaires de travail lourds » varie beaucoup selon les pays : très élevé en Turquie (46,1 %), au Japon (31,7 %), au Mexique (28,6 %) et en Corée du Sud (27,7 %), mais très faible au Danemark et en Suède (moins de 2 %) ; en France (9 %), il est proche de la moyenne OCDE (8,8 %).

Les enquêtes Emploi du temps révèlent surtout une profonde inégalité entre les hommes et les femmes : en moyenne, le temps consacré par les premiers au travail rémunéré est presque exactement égal au temps que consacrent les femmes aux travaux domestiques, et inversement (graphique 7). Encore ces durées moyennes masquent-elles une répartition encore plus inégale des tâches entre hommes et femmes : non seulement le pourcentage d'hommes déclarant participer aux tâches ménagères est inférieur, en moyenne, d'environ 20 points à celui des femmes – qui y participent presque toutes, dans toutes les catégories de ménages –, mais il y a plus d'une heure d'écart entre hommes (moins de 3 heures, en moyenne) et femmes (un peu plus de 4 heures) déclarant participer à ces tâches.

Graphique 7. Temps moyen quotidien consacré au travail et aux tâches domestiques selon le genre

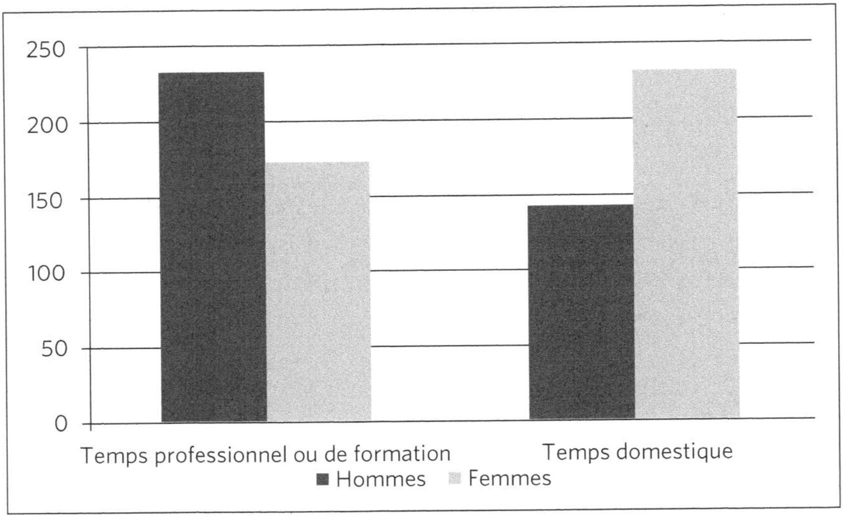

Source: INSEE, EDT.

S'agissant d'un travail domestique productif, dont les fruits profitent, en général, à tous les membres du ménage et leur procurent un certain bien-être, il est tentant de chercher à l'évaluer et à le comparer à la valeur des productions de services de même nature – marchands ou non marchands – disponibles en dehors du foyer, d'autant plus que cette « production domestique » est en grande partie substituable à ces services. Mais comment valoriser ce temps de production domestique ? Les travaux des économistes qui se sont penchés sur cette question adoptent l'une ou l'autre des deux démarches suivantes : certains proposent de valoriser les services domestiques produits au même prix que les services de même nature que l'on peut se procurer sur le marché ; d'autres d'imputer au temps de travail domestique la valeur qu'aurait ce temps s'il était consacré au travail rémunéré. Nous retrouvons ici la distinction déjà rencontrée entre l'évaluation par les produits ou l'évaluation par les intrants. L'une comme l'autre soulève des objections légitimes, mais ne pas comptabiliser le travail domestique revient à ignorer sa contribution à la satisfaction des besoins et au bien-être.

La course contre l'espace : les déplacements quotidiens

Une partie du temps qui n'est pas directement consacré à l'emploi l'est, en réalité, indirectement et n'est pas véritablement disponible : les trajets domicile-travail – ou domicile-études – représentent l'un de ces usages contraints du temps, et généralement pas dans les

Graphique 8. Temps de trajet domicile-travail selon la région de résidence 2009, en minutes par jour

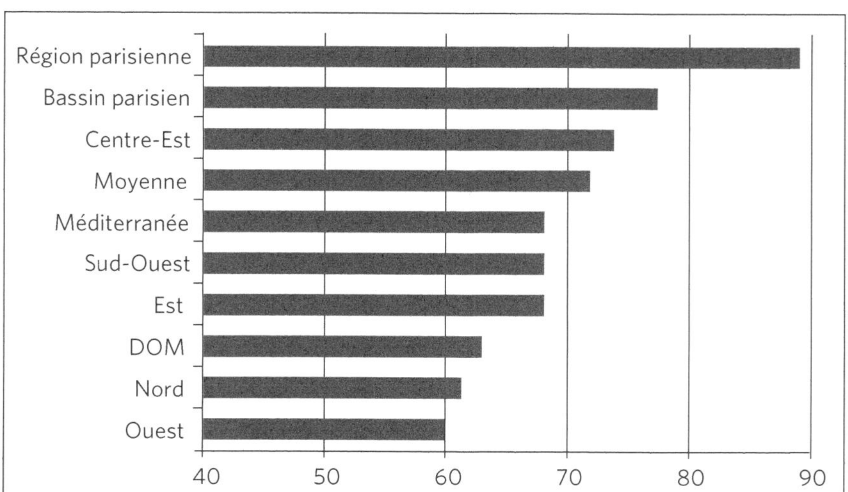

Source: INSEE, EDT 2009.

conditions les plus confortables – transports en commun, embouteillages. Selon les données des enquêtes « Emploi du temps », ces trajets absorbaient, en moyenne, 72 minutes par jour pour les personnes ayant un emploi ou poursuivant des études en France en 2009 ; un peu plus court pour les femmes (68 minutes) que pour les hommes (75 minutes). Un temps qui ne cesse de s'allonger depuis des années : il n'était que de 64 minutes lors de la précédente enquête, en 2000. Et les écarts entre régions sont importants (graphique 8) : près d'une demi-heure de plus, en moyenne, en région parisienne que dans l'Ouest, dans le Nord, ou dans les DOM !

Tableau 5. Ampleur des navettes dans l'aire urbaine de Paris (navettes intracommunales incluses)

	Distance routière (kilomètres)		Temps heure creuse (minutes)		Temps heure pleine (minutes)	
	Moyenne	**Médiane**	**Moyenne**	**Médiane**	**Moyenne**	**Médiane**
Ville-centre	14,9	4,9	20,1	12,0	30,5	22,0
Banlieue	17,8	9,5	24,5	18,0	34,3	27,0
Couronne périurbaine	29,9	21,1	34,2	26,0	42,0	31,0
Ensemble de l'aire urbaine de Paris	*18,8*	*8,8*	*24,9*	*17,0*	*34,6*	*26,0*
Autres aires urbaines de plus de 200 000 habitants	*29,7*	*7,2*	*28,4*	*14,0*	*35,1*	*20,0*

Source : DADS 2004, INSEE.

Lecture : les salariés qui résident dans les communes de la banlieue parisienne travaillent en moyenne à 17,8 kilomètres par la route de leur commune de résidence ; pour la moitié d'entre eux, cette distance est inférieure à 9,5 kilomètres.

Les différences de distance et de durée des trajets domicile-travail sont encore plus grandes selon les unités urbaines de résidence. Le tableau 5 illustre ces inégalités dans le contexte de l'aire urbaine de Paris : les distances moyennes parcourues par les résidents des communes périurbaines sont deux fois plus importantes que celles des résidents de la ville centre, et les temps moyens de parcours entre 50 % et 75 % plus longs pour les premiers. Le lieu de résidence apparaît ainsi comme source d'une contrainte majeure sur le temps disponible. L'espace dévore le temps.

Le temps de loisir, son usage et les satisfactions qu'il procure

Du temps pour les loisirs et pour soi : c'est ainsi que s'intitule la dernière colonne du tableau synthétique des composantes de l'indicateur *Better Life Index* de l'OCDE. Mais cette variable ne renseigne guère sur l'usage de ce « temps libre ». Elle constitue, nous l'avons vu, une part importante du temps disponible des individus, mais présente par ailleurs assez peu de variations d'un pays à l'autre : certes, les habitants des pays les moins avancés de l'OCDE (Mexique et Turquie) ont visiblement moins de temps à consacrer aux loisirs que la moyenne, ce que laissait déjà supposer les données concernant le temps de travail ; et à l'inverse, le Danemark, l'Espagne, la Belgique, la Norvège et les Pays-Bas sont des pays dont les habitants consacrent plus de temps qu'ailleurs aux loisirs et à soi, la France et la Finlande n'étant pas très loin derrière.

Les Français disposent en moyenne d'environ 4 heures de loisir par jour (c'est moitié moins, par exemple, pour les femmes travailleurs indépendants). Qu'en font-ils et quelle satisfaction en retirent-ils ? Depuis quelques années, les études se sont multipliées sur cette question. Les données des enquêtes « Emploi du temps » permettent de connaître l'affectation de ce « temps libre » entre les différentes activités qualifiées de « récréatives » ou de loisir (graphique 9) : environ la moitié de ce temps de loisir est passée devant la télévision ; le reste est réparti entre les diverses autres activités récréatives. Le temps libre s'apparente donc pour moitié à ce qu'un directeur de chaîne de télévision a cru pouvoir appeler du « temps de cerveau disponible »...

Graphique 9. Les loisirs des Français
en heures par jour

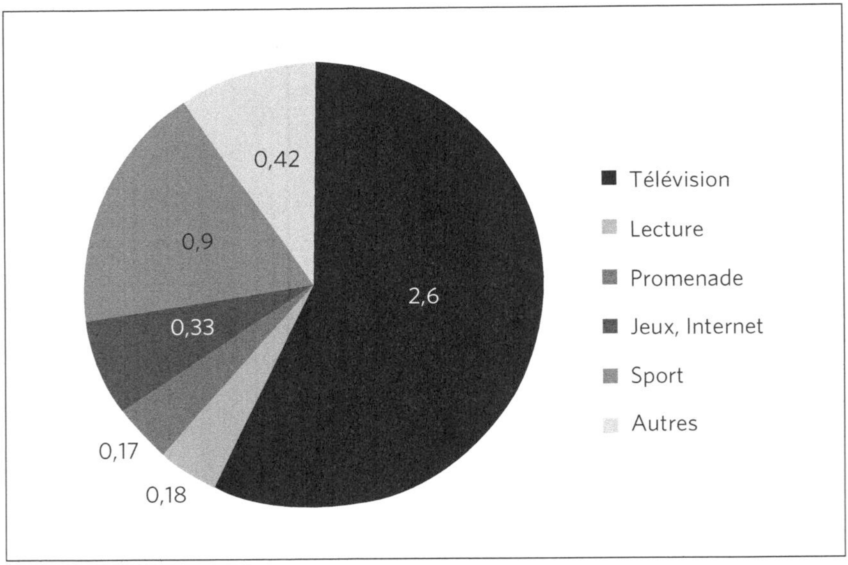

Source : INSEE, EDT 2009.

À titre d'illustration, les données sur le temps passé à regarder la télévision ou des vidéos permettent de déceler des différences sensibles selon le genre et l'âge. Hommes et femmes se déclarent aussi nombreux, en moyenne, à pratiquer cette activité (environ 75 %), mais des différences sont perceptibles entre genres : ainsi les hommes qui regardent la télévision y passent-ils un peu plus de temps que les femmes (14 minutes de plus en moyenne). Quant aux écarts selon l'âge, ils sont beaucoup plus marqués : non seulement les plus jeunes sont beaucoup moins nombreux que les plus âgés à regarder télévision ou vidéos – seuls 67 % des 18-30 ans déclarent le faire, contre 90 % des plus de 70 ans –, mais le temps passé par ceux qui s'y adonnent est très fortement croissant avec l'âge – 146 minutes en moyenne pour les 18-30 ans, mais 214 minutes pour les plus de 70 ans. Apparaît ici le rôle que l'ordinateur ou la console de jeux assume désormais auprès des plus jeunes, les loisirs étant désormais à tout âge, semble-t-il, une affaire d'écrans !

L'affectation du temps et le bien-être

Peut-on inférer de ces données sur la répartition du temps quotidien entre activités des indications générales sur le bien-être des personnes concernées ? Les relations sont moins simples et moins universelles qu'on pourrait l'imaginer. Une étude a cherché à évaluer, sur deux échantillons de femmes – américaines et françaises – le bien-être procuré par différents usages quotidiens du temps et révèle des informations qui, bien qu'elles ne soient pas nécessairement généralisables, dessinent les contours de pratiques individuelles qui semblent différer sensiblement selon les pays. On y retrouve, sans surprise, quelques résultats déjà évoqués : le temps consacré au travail rémunéré domine l'emploi du temps, et occupe une place un peu plus importante dans celui des femmes américaines que dans celui des Françaises ; c'est aussi, dans les deux échantillons, celui qui est le plus générateur de stress, de tristesse ou de douleur, selon les réponses des femmes interrogées. Juste derrière, en termes de « mal-être », on trouve, dans les deux pays, les trajets quotidiens domicile-travail, bien qu'ils n'absorbent qu'une part assez modeste du temps disponible des femmes de ces deux échantillons[1].

1. Les enquêtes ont été menées dans deux villes « moyennes », relativement peu congestionnées : Columbus, dans l'Ohio, et Rennes, en Bretagne.

Peu de différences entre les femmes américaines et françaises en matière de shopping, d'usage non professionnel des ordinateurs, de voyage, et de temps passé devant la télévision. Mais, dans presque toutes les autres activités recensées, les fractions de leur temps qu'y consacrent les femmes de ces deux échantillons diffèrent sensiblement, et l'appréciation subjective qu'elles portent sur ces activités également. Les tâches domestiques, d'abord. Les femmes américaines passent beaucoup plus de temps que les Françaises – plus du double, en fait – à s'occuper de leurs enfants ; mais cette occupation leur occasionne plus souvent des contrariétés. En matière de ménage et de cuisine, le temps passé diffère assez peu ; mais les Françaises déclarent éprouver plus de déplaisir que les Américaines dans l'accomplissement des tâches ménagères, tandis que les différences d'appréciation sont minimes concernant la préparation des repas.

Bien sûr, ces études ne sont conduites que ponctuellement et sur des échantillons relativement petits. Mais elles suggèrent que l'usage du temps, qu'il soit contraint ou choisi, a une incidence déterminante sur le bien-être individuel. Et que l'organisation de la société est loin d'en avoir pris la mesure !

CHAPITRE 7

Faire société (la confiance)

Un bref regard en arrière vers l'automne 2008, au plus fort de la tempête financière, suffit à se convaincre que la confiance est le soubassement des activités économiques : sans elle, aucune institution bancaire, aucune entreprise, aucun gouvernement ne peut longtemps subsister et *a fortiori* prospérer. Mais la confiance est bien plus qu'une nécessité économique, c'est aussi et surtout une condition de possibilité de la vie sociale.

Toutes les institutions sociales, à commencer par les institutions politiques, reposent ainsi sur la confiance, c'est-à-dire sur une espérance de fiabilité dans les conduites humaines (espérance que le restaurant dans lequel je dîne respecte les normes sanitaires, que ma banque ne soit pas engagée dans des opérations frauduleuses ou par trop risquées, que la voiture qui s'approche s'arrête avant le passage piéton parisien sur lequel je me suis engagé). Sans cet ensemble de certitudes sociales, la vie devient très vite impossible, embourbée dans des calculs incessants et la crainte permanente qu'ils se révèlent faux.

À ce titre, la confiance est tout autant un déterminant qu'une dimension du bien-être humain : les indicateurs de confiance nous renseignent à la fois sur la réalité du bien-être et sur sa possibilité. On peut dès lors désirer la confiance pour elle-même comme pour ce qu'elle permet d'accomplir dans les sociétés humaines.

À quoi sert fondamentalement la confiance, en quoi est-elle utile au bien-être humain ? Pour le dire le plus simplement possible, la confiance est la clé de la coopération sociale. Elle domestique l'incertitude attachée aux conduites humaines pour la transformer en risque acceptable ou non. Elle favorise la réciprocité et accélère ainsi les transactions de tous ordres. Ce faisant, elle libère la puissance de l'intelligence collective qui est le cœur de la prospérité de l'espèce humaine.

S'intéresser aux indicateurs de confiance, c'est donc vouloir dépasser les indicateurs strictement économiques et objectifs pour évaluer la cohésion sociale d'un groupe donné et son potentiel de coopération, *via* les perceptions subjectives de ses membres. Comme l'écrit justement un des pionniers des études sur la confiance, le sociologue allemand Georg Simmel : « Sans la confiance des hommes les uns envers les autres, la société tout entière se disloquerait – rares en effet sont les relations uniquement fondées sur ce que chacun sait de façon démontrable de l'autre, et rares celles qui dureraient un tant soit peu, si la foi n'était pas aussi forte, et souvent même plus forte que les preuves rationnelles. »

Pour mesurer la confiance, il importe d'abord d'en définir les différentes formes. On distingue ainsi la confiance envers les institutions ou les organisations (qui est de loin la plus importante dans les sociétés contemporaines), la confiance entre les personnes et enfin la notion problématique de « confiance dans l'avenir ».

La confiance dans les institutions

Intéressons-nous d'abord à la question de la confiance envers les institutions et observons-en de plus près une facette, la confiance dans le gouvernement et son évolution au cours des années les plus dures de la crise économique que nous traversons (question que nous avons abordée au chapitre 5 sous l'angle de l'impact de la crise sur le bonheur déclaré). Le tableau suivant présente des données recueillies par l'OCDE sur l'état de la confiance dans le gouvernement dans différents pays en 2012 et sur l'évolution de cet indicateur de 2007 à 2012.

Tableau 6. La confiance dans le gouvernement, à travers la crise (en %)

	Confiance dans le gouvernement en 2012	Variation de la confiance dans le gouvernement entre 2007 et 2012
Suisse	82,2	13,1
Luxembourg	80	-5,5
Norvège	71,1	-1,7
Suède	65,3	5,2
Nouvelle-Zélande	64,1	4,7
Finlande	62	-18,7
Pays-Bas	60,8	-8,7
Turquie	56,1	-4,1
Danemark	55,4	-6,5
Canada	53,3	-11,6
Belgique	52,1	-17
Royaume-Uni	47,8	9,8
France	47,4	8,6
Allemagne	44,8	6,8
Australie	43,7	-11,6
République slovaque	43,2	25,7
OCDE	42,6	-6

	Confiance dans le gouvernement en 2012	Variation de la confiance dans le gouvernement entre 2007 et 2012
Autriche	41	- 13,7
Mexique	36,5	- 7,5
Israël	36,5	14
Espagne	35,8	- 16,9
Irlande	35,5	- 31,2
États-Unis	35,4	- 4,2
Chili	33,5	- 11,4
Estonie	30,8	- 17,9
Pologne	30,5	8,7
Italie	29,6	- 3,8
Islande	27,9	2
Portugal	25,5	- 31,1
Corée	24,8	- 0,2
Slovénie	24,6	- 27,5
Hongrie	23	- 3,8
Japon	18,2	- 7
République tchèque	17,8	- 12,9
Grèce	13,6	- 27,6

Source : OCDE.

Ces données recèlent de nombreux enseignements particulièrement éclairants. D'une part, même si tous ces pays de l'OCDE sont considérés comme des démocraties et des pays riches (du point de vue partiel de leur PIB par habitant), les variations dans la confiance accordée par leurs citoyens à leurs gouvernements respectifs sont considérables : les Norvégiens font deux fois plus confiance à leur gouvernement que les Américains (la France se situe un peu au-dessus du niveau moyen de confiance des pays de l'OCDE). De manière étonnante, les citoyens japonais font très peu confiance à leur gouvernement, ce qui indique une faiblesse sociale que sont bien incapables de repérer les indicateurs économiques standard.

D'autre part, la confiance dans les institutions politiques (ici le gouvernement) peut manifestement connaître des variations très fortes au cours du temps sous l'effet du contexte économique : la Grèce a perdu près de 30 points de pourcentage s'agissant de la confiance dans son gouvernement entre 2007 et 2012. Il s'agit d'une donnée capitale car elle signale que la crise grecque est bien plus grave qu'une crise économique, il s'agit d'une crise civique et l'évolution de cet indicateur nous le dit clairement, alors que la baisse du PIB national ne nous en dit rien (cette perte de confiance dans le gouvernement est d'ailleurs un phénomène qui dépasse la Grèce, puisque l'indicateur moyen pour les pays de l'OCDE a perdu 6 points entre 2007 et 2012). La Grèce, qui se situait dans la moyenne de l'OCDE en 2007, est désormais le pays où les citoyens font le moins confiance au gouvernement. Ce n'est pas à proprement parler une surprise mais cette évolution est lourde de conséquences pour la capacité de développement du pays.

Confiance politique et bien-être économique entretiennent donc des relations complexes : le contexte économique détermine une part importante de la confiance des citoyens dans la capacité du gouvernement à assurer leur bien-être (comme dans le cas de la Grèce) mais le seul bien-être économique ne garantit pas la confiance politique (comme dans le cas du Japon). Il existe bien une « richesse civique » qui est en partie indépendante de la richesse matérielle.

On peut approfondir cette observation en comparant les États-Unis et la Suède du point de vue de la confiance respective que les citoyens attachent à leurs institutions politiques dans ces deux pays. Selon les données de la World Values Survey, une enquête qui interroge les habitants de différents pays sur leurs valeurs, les

Suédois sont près de 75 % à faire fortement confiance à leur système judiciaire et 57 % à faire confiance à leur Parlement tandis que les Américains sont seulement 57 % dans le premier cas et 20 % dans le second (cet écart est d'autant plus significatif que la confiance déclarée dans le Parlement était plus importante aux États-Unis qu'en Suède au début des années 1980, voir tableau 7). Il apparaît à la lumière de cet indicateur que les États-Unis, qui furent une des nations pionnières de la démocratie représentative, s'enrichissent économiquement fortement depuis trois décennies tandis qu'ils s'appauvrissent civiquement…

Tableau 7. Confiance dans le Parlement, en % des répondants

	1981/1982	1990	1999	2005/2007
États-Unis	52,5	45,7	38,1	20,6
Suède	46,6	47,1	51,2	56,3

Source: World Values Survey.

Cela souligne un double écart, entre deux pays qui, vus de loin, paraissent également être des démocraties alors que leur vitalité civique diffère fortement ; et entre les institutions politiques elles-mêmes, le système judiciaire bénéficiant dans la quasi-totalité des pays du monde d'une confiance plus forte que les assemblées parlementaires.

Tableau 8. Confiance dans différents types d'institutions publiques, en % des répondants (2012)

	Gouvernement	Système judiciaire	Système éducatif	Système de santé
OCDE	40	51	66	71
France	44	50	67	78

Source: OCDE.

On remarque d'ailleurs que, dans les pays de l'OCDE et en France, les institutions bénéficient d'un niveau de confiance variable, celles dont dépend directement le développement humain (système d'éducation et de santé) étant considérées comme les plus fiables (tableau 8).

La confiance institutionnelle nous informe donc sur l'état véritable de la démocratie, et nous alerte sur sa possible dégradation (comme dans le cas américain, où le Congrès ne recueille plus l'assentiment que de 10 % des citoyens), plus encore que la présence d'institutions démocratiques ou leur qualité objective (dont on explorera les différents instruments de mesure au chapitre suivant). Les institutions politiques, autrement dit, peuvent être dévitalisées par le manque de confiance placée en elles.

Or l'enjeu de la confiance dans les institutions est fondamental pour les sociétés contemporaines : la confiance, on l'a dit, est à la fois un moyen et un résultat du bien-être. Ce que l'on appelle parfois le « capital social » permet aux sociétés de construire ou de préserver d'autres formes de capital (comme le capital naturel) et de se réformer, donc, dans le meilleur des cas, de progresser à mesure que le temps passe (le capital social est reconnu à juste titre comme un élément essentiel du succès des pays nordiques). La confiance dans les institutions est donc une composante fondamentale de la soutenabilité d'une société, au même titre que son capital de connaissances ou son capital humain (santé, éducation).

Peut-on avoir « confiance dans l'avenir » ?

Cette question de l'évolution de la confiance dans le temps est effectivement d'une grande importance, mais on confond souvent ce sujet avec le pessimisme et l'optimisme. L'espoir ou la crainte dans l'avenir jouent incontestablement un rôle important dans les phénomènes économiques et parfois même sociaux et politiques, et il est utile de le mesurer mais il convient de formuler au préalable deux réserves : d'une part, il ne faut pas confondre l'optimisme avec la confiance (la notion de « confiance dans l'avenir » est un abus de langage car on ne peut pas établir de relation stratégique et réciproque avec l'« avenir ») ; d'autre part, il convient de se garder de tout discours simpliste sur le « pessimisme national » de tel ou tel pays (au hasard, la France).

Dans le cadre de son enquête de conjoncture auprès des ménages, l'INSEE calcule et publie un indicateur synthétique dit « de confiance » des ménages (tout comme l'Université du Michigan pour les États-Unis). Cet indicateur se révèle très utile pour anticiper certaines variations de la conjoncture. Ainsi, si les consommateurs se déclarent majoritairement convaincus que leur situation financière va se dégrader dans les six mois à venir, il est légitime de penser que la consommation des ménages va reculer et qu'une épargne de précaution peut se former. Cet indicateur de bien-être subjectif économique anticipe ici les indicateurs objectifs : il constitue un renseignement précieux sur la tendance à venir qui ne peut être obtenu autrement qu'en interrogeant les individus sur leur sentiment à l'égard de la situation économique. Ce sentiment informe en retour les autorités sur la bonne politique économique à suivre.

Si toutes les données disponibles recueillies auprès des individus mais aussi des entreprises pointent vers un recul de la demande privée (consommation des ménages, investissement des entreprises) au cours des six mois à venir, il peut être sage d'engager sans tarder une politique économique adéquate (baisse des taux d'intérêt ou hausse de la dépense publique) car cette action elle-même peut prendre six mois à produire ses effets. C'est tout l'art périlleux de la prévision économique qu'un gouvernement prévoyant qui ne veut pas être pris en flagrant délit d'improvisation se doit de pratiquer en permanence.

L'INSEE interroge donc les Français pour le compte du gouvernement sur un certain nombre de tendances économiques, à la fois pour le pays et pour eux-mêmes et leur offre la possibilité de graduer leur opinion : « À votre avis, au cours des douze prochains mois, le niveau de vie en France, dans l'ensemble va… nettement s'améliorer (+) / s'améliorer un peu (+) / rester stationnaire / se dégrader un peu (-) / nettement se dégrader (-) », ou encore : « Pensez-vous que, au cours des douze prochains mois, la situation financière de votre foyer va… nettement s'améliorer (+) / un peu s'améliorer (+) / rester stationnaire / un peu se dégrader (-) / nettement se dégrader (-). » L'institut agrège ensuite les résultats en faisant notamment la somme des soldes positifs et négatifs des réponses dans le but d'obtenir un indicateur global de sentiment économique. On reproduit ci-dessous le résultat de cet indicateur et de quatre de ses composantes pour décembre 2011.

Tableau 9. Indicateur synthétique dit « de confiance » des ménages en décembre 2011

Indicateur synthétique	83
Niveau de vie en France, évolution passée	-74
Niveau de vie en France, perspectives d'évolution	-57
Situation financière personnelle, évolution passée	-32
Situation financière personnelle, perspectives d'évolution	-30

Source : INSEE.

Plusieurs éléments particulièrement intéressants apparaissent à travers ces données. D'une part, fin 2011, l'indicateur global est proche de son plus bas historique (qui est de 80), alors même que le plus fort de la crise économique est censé avoir été dépassé depuis deux ans déjà et que l'année 2011 a vu une croissance du PIB proche de 1,5 %. Le sentiment économique a renseigné le gouvernement fin 2011 sur le fait que la crise était loin d'être terminée aux yeux d'une large majorité de Français.

D'autre part, les sentiments économiques sur la situation du pays et la situation personnelle des répondants vont dans le même sens négatif mais de manière bien moins marquée pour la situation personnelle, ce qui indique que les Français sont plus pessimistes sur l'avenir économique du pays que sur le leur propre (un trait que l'on retrouve dans d'autres enquêtes). Enfin, le pouvoir prédictif de cette enquête s'avère tout à fait satisfaisant puisque la situation économique s'est bel et bien fortement dégradée au début de l'année 2012, comme le laissaient présager ces réponses. On mesure donc tout ce que peut apporter à l'information économique le recours à des données subjectives, encore faut-il que la puissance publique l'utilise à bon escient…

Pour autant, on perçoit très bien aussi que la dénomination d'indice « de confiance » n'est pas adaptée à ce type d'indicateurs, qui devraient plutôt s'appeler « indicateurs de sentiment économique » ou « indices de bien-être économique » tant il est vrai qu'ils ne mesurent en aucun cas l'état ou l'évolution d'une ou plusieurs relations de confiance, entre les citoyens et leurs gouvernements ou entre les citoyens eux-mêmes. Ces données existent par ailleurs.

La confiance entre les personnes (ou confiance interpersonnelle) peut en effet bien entendu être mesurée mais elle donne souvent lieu, comme pour la « confiance dans l'avenir », à des approximations ou à des contresens. On confond ainsi souvent, au plan des concepts, la confiance en soi et la confiance dans les autres, seule cette dernière relevant à proprement parler de la confiance (qui suppose une relation à quelqu'un d'autre que soi ou à un principe régulateur d'une institution dont l'application revient à des personnes, comme la « force de l'ordre » dont les policiers sont les dépositaires). On utilise hélas souvent pour mesurer la confiance entre les personnes des instruments de mesure élaborés à partir de questions peu claires pour les enquêtés comme la question dite de « confiance généralisée ».

Se méfier de la « défiance française »

Cette « confiance généralisée » contient une part de vérité car elle repose sur une interrogation, qui figure sous une forme ou une autre dans nombre d'enquêtes nationales ou internationales et qui a effectivement trait aux relations de confiance : « D'une manière générale, diriez-vous qu'on peut faire confiance à la plupart des gens ou qu'on n'est jamais assez prudent quand on a affaire aux autres ? » Mais, pour conserver un sens, la notion de confiance doit être limitée à une personne (on fait confiance *intuitu personae*), un groupe ou une institution et à un contexte donné (A fait confiance à B sur la question Q dans le contexte C). Cette confiance généralisée apparaît donc comme une contradiction dans les termes : c'est une confiance impersonnelle[1].

Comme l'indicateur de confiance généralisée est entaché d'incertitude, les résultats des (très nombreux) travaux qui en font usage, souvent sans signaler ses limites, sont nécessairement eux-mêmes sujets à caution. C'est notamment à la suite de l'exploitation hâtive des données de confiance généralisée qu'est né en France le leitmotiv de la « société de défiance » dont la validité, comme pour le thème voisin de la « dépression française », est extrêmement douteuse. On mesure bien la portée idéologique de ces thématiques qui permettent commodément de rabattre le bien-être social sur la responsabilité individuelle : les Français sont censés engendrer par

1. Sur tous ces points comme sur le thème de la confiance, voir Éloi Laurent, *Économie de la confiance*, La Découverte, « Repères », 2012.

leur mauvaise tournure d'esprit des maux économiques et sociaux dont ils ont ensuite mauvaise grâce à se plaindre ! On perçoit beaucoup moins la robustesse de ces études quand on les observe de près, en traversant les apparences.

La question de la confiance en France, comme celle du bonheur, est beaucoup plus complexe que l'image simpliste d'une « société de défiance » qui confond au moins deux dimensions que le politologue Pascal Perrineau a nommées « confiance verticale » (c'est-à-dire confiance dans les institutions) et « confiance horizontale » (c'est-à-dire confiance entre les personnes). Cette distinction permet par exemple de comprendre que la clé du malaise français se situe dans une défiance à l'égard d'un certain nombre d'institutions publiques, mais pas de toutes. Les Français sont ainsi par exemple très confiants dans leurs hôpitaux mais très défiants à l'égard des partis politiques (et ce d'autant plus, on peut le penser, si les partis politiques ne prennent pas assez soin des hôpitaux, voir tableau 10).

Tableau 10. La confiance des Français dans deux institutions publiques, en %

	Très ou plutôt confiance	**Plutôt pas ou pas du tout confiance**
Partis politiques	9	91
Hôpitaux	83	17

Source : CEVIPOF.

De la même manière, l'école ou la police bénéficient d'une forte confiance tandis que les banques ou les médias font l'objet d'une forte défiance (voir tableau 11).

Tableau 11. Pourcentage de Français déclarant avoir très confiance ou plutôt confiance dans...

Les hôpitaux	**83 %**
Les petites et moyennes entreprises	**82 %**
L'armée	**76 %**
Les associations	**70 %**
La police	**69 %**
L'école	**67 %**
L'Église catholique	**51 %**
La justice	**48 %**
Les grandes entreprises privées	**47 %**
Les grandes entreprises publiques	**47 %**
Les banques	**32 %**
Les syndicats	**27 %**
Les médias	**25 %**
Les partis politiques	**9 %**

Source : baromètre de la confiance politique du CEVIPOF.

La défiance à l'égard des institutions politiques connaît elle-même d'importantes variations qui s'expliquent largement par le degré de proximité (ce que les chercheurs du CEVIPOF nomment la « prime de proximité »). Il est ainsi frappant de constater un écart de 1 à 3 entre la confiance accordée au conseil municipal et au gouvernement (voir tableau 12).

La confiance en France ne peut donc se résumer de manière monolithique en de creux slogans, il existe des confiances de nature et de degré variables, même s'il est indéniable que les institutions politiques nationales traversent depuis plusieurs décennies une crise de défiance profonde. Cette défiance se traduit à son tour par une défiance à l'égard... des statistiques économiques. Comme

Tableau 12. Pourcentage de Français déclarant avoir très confiance ou plutôt confiance dans…

Le conseil municipal	**66 %**
Le conseil régional	**54 %**
Le conseil général	**53 %**
Le Sénat	**42 %**
L'Assemblée nationale	**39 %**
L'Union européenne	**37 %**
Le Conseil économique, social et environnemental (CESE)	**35 %**
L'institution présidentielle	**29 %**
L'Organisation mondiale du commerce (OMC)	**28 %**
Les grandes conférences internationales comme le G20	**24 %**
Le gouvernement	**23 %**

Source : baromètre de la confiance politique du CEVIPOF.

le remarquait un ancien directeur général de l'INSEE : « L'opinion fait spontanément plutôt confiance aux institutions statistiques et aux professionnels qui y travaillent. En revanche, dans ce domaine comme dans d'autres, elle se méfie des autorités politiques, ce qui la conduit à s'inquiéter des interférences politiques dans l'utilisation des statistiques, voire dans leur production[1]. » Le développement et l'usage des indicateurs de bien-être et de soutenabilité sont justement des moyens de renouer les fils de la confiance politique en France et ailleurs en donnant une image plus juste des réalités économiques.

Au terme de ce chapitre, la confiance apparaît comme une dimension essentielle du bien-être humain, à mi-chemin entre

1. Jean-Michel Charpin, « Statistiques : les voies de la confiance », *Revue économique*, 3/2010, 61, p. 371-393.

le privé et le collectif. La thématique de la confiance entretient d'ailleurs avec la question des institutions, qui est abordée dans le chapitre suivant, une relation fondamentale : la confiance nous donne une idée de la vitalité des institutions au-delà de leur seule existence.

CHAPITRE 8

Se gouverner (les institutions)

Les institutions sont les formes concrètes de la coopération sociale, l'incarnation des règles et des principes qu'une société se donne à elle-même pour se gouverner et se projeter dans le temps. Elles sont, selon la définition de l'économiste historien Douglas North, « les contraintes humainement formées qui structurent les interactions politiques, économiques et sociales ».

Elles recouvrent les contraintes informelles (telles que les tabous, les coutumes, les traditions et les codes de conduite de diverses sortes comme la politesse) et les contraintes formelles (telles que les constitutions, les lois ou encore les droits de propriété) et enfin les moyens de faire respecter ces contraintes (la force, l'éducation et la persuasion). On mesure immédiatement l'intérêt essentiel qu'il y a à évaluer la qualité de ces institutions qui forment le soubassement de la coopération sociale dont l'activité économique n'est qu'une facette et qu'une conséquence.

C'est d'autant plus nécessaire si l'on adopte une vision étroitement économiste du développement humain : les meilleures études disponibles sur le temps long du développement économique (mesuré imparfaitement par la croissance du PIB) insistent toutes sur l'importance cardinale des institutions comme condition primordiale de l'accroissement du revenu des Nations[1]. Les institutions, en

1. C'est la perspective que nous avons qualifiée dans l'introduction d'« en deçà du PIB ».

un mot, sont les règles du jeu et du progrès social, un jeu pratiqué par les personnes mais aussi les organisations comme les entreprises, les syndicats ou encore les associations.

En mesurant la qualité des institutions, on entend dépasser les indicateurs économiques pour adopter une perspective longue du développement humain, qui n'est pas durable sans des institutions de qualité, à commencer par les institutions les plus élémentaires qui garantissent l'ordre public et la paix civile, telles que la police et la justice au plan intérieur et la défense et la diplomatie dans l'ordre international (les institutions de l'État régalien). Dans une optique proche de celle de Hobbes et de son Léviathan, les institutions doivent d'abord viser à établir la paix (dans l'ordre externe) et la sécurité (dans l'ordre intérieur).

On dispose ainsi de données qui permettent de mesurer précisément l'état de sécurité des habitants d'un certain nombre de pays (à l'aide de données subjectives[1] et objectives). La sécurité est assurément une des libertés les plus fondamentales, et sa perte est douloureuse pour le bien-être humain, comme on peut en faire l'expérience lorsqu'elle n'apparaît plus assurée de manière ponctuelle (au moment d'attentats terroristes tels que ceux de janvier 2015 en France) ou structurelle (dans certains pays où la criminalité est endémique comme la Somalie). Mais, dans l'optique du libéralisme politique des Lumières, la sécurité n'est pas le tout de la paix sociale, sa vocation est d'être le support de libertés civiles plus larges, que l'on regroupe parfois sous le nom d'État de droit. C'est ce que nous allons à présent explorer.

1. L'OCDE utilise par exemple pour son Indice « mieux vivre » les données recueillies par l'Institut Gallup au moyen d'enquêtes dites de victimisation qui visent à interroger les personnes sur les actes de violence dont elles ont été victimes. L'OCDE note ainsi pour l'année 2011 : « En France, 5,0 % des personnes interrogées déclarent avoir été victimes d'agression au cours des 12 derniers mois, un taux supérieur à la moyenne de 3,9 % de l'OCDE. L'écart entre hommes et femmes est légèrement supérieur à 1 point de pourcentage, avec respectivement 5,6 et 4,4 %. »

Un monde de libertés

On peut commencer de mesurer l'état des droits politiques et des libertés civiles dans le monde à l'aide des données recueillies au moyen d'enquêtes détaillées, comprenant des dizaines de questions, par Freedom House, organisation indépendante fondée en 1941 à Washington dans le but avoué de promouvoir les libertés dans le monde. En évaluant avec la même méthodologie les pays du monde, cet instrument de mesure porte une valeur fondamentale qui est au cœur de la Déclaration universelle des droits de l'homme qui l'inspire : l'aspiration commune des humains à la liberté, où qu'ils se trouvent.

L'indice Freedom House est formé à partir de deux séries principales de données : les enquêtes portant sur les droits politiques et celles relatives aux libertés civiles. Les droits politiques sont eux-mêmes évalués à partir d'un ensemble de variables : la perception subjective de la qualité du processus électoral, le pluralisme politique et la participation au (et le fonctionnement du) gouvernement. Les libertés civiles sont quant à elles mesurées à partir de l'estimation de la liberté d'expression et de croyance, des droits des associations et des organisations (entreprises et syndicats notamment), du respect de l'État de droit et enfin des droits individuels et de l'autonomie personnelle (la capacité d'influer sur sa propre existence).

En agrégeant ces deux dimensions, on le voit chacune très complète, et en leur attribuant une valeur en fonction de la qualité perçue et déclarée par les citoyens, on obtient un score sur une échelle de 1 à 7 (du plus au moins libre). On subdivise alors l'échelle numérique en trois catégories : les pays considérés comme libres, ceux qui peuvent être dits non libres et enfin les pays qui ne sont que partiellement libres. Au terme de ce procédé dont la technicité peut apparaître fastidieuse et à la lumière de catégories que l'on peut juger un peu frustes, on obtient des résultats tout à fait saisissants sur l'état politique de notre monde et son évolution récente.

Portons pour commencer le regard sur la carte du monde des libertés (disponible sur le site de Freedom House). Il apparaît immédiatement que cette carte des libertés politiques dans le monde n'est pas un simple décalque de la carte des niveaux de vie ou des taux de croissance du PIB des pays de la planète. Certes, les pays les plus riches sont souvent aussi les plus libres (c'est le cas de l'Europe ou de l'Amérique du Nord), mais de nombreuses exceptions existent au-delà du groupe de l'OCDE (comme les pays du Moyen-Orient ou les « dragons asiatiques », riches en termes monétaires mais pauvres en libertés). De même, la croissance économique n'est pas synonyme de croissance des libertés (le cas de la Chine, sur lequel nous reviendrons en détail plus loin dans ce chapitre, est emblématique de cette possible discordance).

Qui plus est, les contrastes interrégionaux et intrarégionaux sont très marqués (96 % des pays sont pleinement libres en Europe de l'Ouest, seulement 45 % en Europe de l'Est ; 6 % au Moyen-Orient et en Afrique du Nord mais 20 % en Afrique subsaharienne).

La réalité peut-être la plus frappante qui se dégage de cet exercice de mesure est la progression des libertés civiles dans le temps relativement court des quatre dernières décennies (les données de Freedom House remontent au début des années 1970). Cette marche universelle vers le libéralisme politique est un démenti cinglant apporté aux discours culturalistes douteux sur les « valeurs » antidémocratiques de telle région ou de tel pays qui serait de ce fait voué à demeurer dans un état de semi-liberté ou d'oppression pure et simple par choix culturel. Tout au contraire, tous les citoyens du monde aspirent aux libertés civiles et aux droits politiques et s'en saisissent dès qu'ils le peuvent, mais tous ne le peuvent pas (encore).

En tout état de cause, le monde compte en 2013 bien plus de pays libres (88 soit 45 % des pays) que de pays non libres (48 pays, soit 25 %). Corrigé du poids démographique, ce résultat paraît moins net : les pays libres regroupent près de 2,9 milliards d'habitants contre presque 2,5 milliards pour les pays non libres (l'écart en pourcentage entre les deux catégories se réduisant de 20 à 15 points).

Il n'en reste pas moins que plus de pays et surtout plus d'habitants sont considérés comme libres aujourd'hui qu'à aucun autre moment de la longue histoire de l'humanité. Cette évolution est elle-même très récente et sa compréhension permet de dépasser le récit convenu de l'émergence économique de ce que l'on nomme désormais le « Sud global ». Parfois en lien avec ce développement économique, parfois sans rapport avec lui, l'émergence d'un nouveau monde libre est une évolution tout aussi importante mais très rarement soulignée. Les pays non libres étaient ainsi deux fois plus nombreux que les pays libres en 1972 (voir tableau 13). Le développement démocratique du monde en dehors de l'Occident n'est pas moins spectaculaire que son développement économique.

Tableau 13. La marche des libertés

	Pays libres		Pays partiellement libres		Pays non libres	
	Nombre	%	Nombre	%	Nombre	%
2013	88	45	59	30	48	24
2000	86	45	58	30	48	25
1990	65	40	50	30	50	30
1980	51	31	51	31	60	37
1972	44	29	38	25	69	46

Source : Freedom House.

La substance de la démocratie

Les données de Freedom House permettent également de saisir des évolutions fines des régimes politiques et de donner un sens à la catégorie un peu énigmatique de « pays partiellement libres ».

Les régimes autoritaires prennent ainsi des formes subtiles (d'aucuns diraient perverses) de façade de liberté derrière laquelle la voix des citoyens se perd. Beaucoup de dirigeants autoritaires sont en effet assez roués pour ne pas provoquer l'indignation internationale en confisquant les élections ou en instituant l'ordre martial, ce qui pourrait leur valoir des sanctions économiques. Ils vident de sa substance le régime démocratique sans pour autant en supprimer l'enveloppe.

On peut précisément mesurer ce phénomène de « façadisme démocratique » avec les données de Freedom House en comparant le nombre de démocraties électorales (les pays qui respectent les formes admises de la démocratie comme les élections libres) et le nombre de pays libres (les pays dans lesquels le fond démocratique est aussi respecté). Si 63 % des pays du monde sont considérés comme des démocraties électorales, seulement 70 % d'entre eux sont considérés comme des pays libres. 30 % sont donc des démocraties de façade (le Mexique, le Nigeria ou l'Indonésie appartiennent à cette catégorie). La Russie ne trompe même personne et se trouve directement reléguée dans la catégorie des pays non libres…

De quoi est faite cette substance démocratique ? Les institutions du libéralisme politique forment un ensemble complexe d'où émergent quelques absolues nécessités, comme la liberté d'expression (que les courageux dessinateurs et journalistes de *Charlie Hebdo* ont payée de leur vie le 7 janvier 2015) et la liberté d'information, qui est aujourd'hui autant la liberté de la presse que celle d'Internet : même si des données complètes manquent encore sur ces deux sujets on dispose déjà d'une carte partielle du monde libre d'être informé. Une certitude : les libertés doivent être mesurées de manière plurielle pour saisir ce que vivre en liberté signifie.

Fait encore plus intéressant : ces indicateurs de qualité institutionnelle ou de qualité politique permettent de dépasser non seulement les indicateurs économiques conventionnels mais également les indicateurs de développement humain. Le cas de la Tunisie est très éclairant à cet égard et peut être considéré à l'aide d'une autre base de données que Freedom House : « *Governance matters* », développée et mise à jour par les équipes de la Banque Mondiale.

Selon le projet « *Governance matters* » (que l'on peut traduire par l'importance de la gouvernance), la bonne gouvernance repose sur six éléments fondamentaux :

– la variable « *voice and accountability* » (que l'on peut traduire par participation des gouvernés et responsabilité des gouvernants) évalue le degré de participation des citoyens dans le choix de leurs gouvernants, la qualité de la liberté d'expression, d'association et de la liberté de la presse ;
– la variable « *rule of law* » (État de droit) mesure dans cette base de données la confiance et la considération des résidents d'un pays pour les règles sociales nationales, en particulier le respect des contrats, des droits de propriété, la confiance dans la police et dans la justice et la probabilité de crimes et de violence ;
– « qualité de la régulation » mesure la capacité du gouvernement à concevoir et faire appliquer des normes et des règles qui permettent le développement du secteur privé ;
– « efficacité du gouvernement » évalue la qualité des services publics et leur degré d'indépendance par rapport au pouvoir politique ;
– enfin, les variables « stabilité politique et absence de violence » et « contrôle de la corruption » parlent d'elles-mêmes.

Comme dans le cas de Freedom House, toutes ces données sont construites à partir d'enquêtes réalisées auprès des citoyens mais aussi de chefs d'entreprise, de responsables du secteur public, etc.

Revenons au cas de la Tunisie. Comme on le sait, c'est là que le 17 décembre 2010 Mohamed Bouazizi voulut s'immoler par le feu pour protester contre un abus de pouvoir d'un fonctionnaire municipal, lançant par sa mort en janvier 2011 la révolution tunisienne qui allait s'étendre à une douzaine de pays du monde arabo-musulman. Or, cette même année 2010, la Tunisie figurait parmi les dix pays ayant le plus progressé en termes de développement humain (revenu, santé, éducation) au cours des quatre décennies écoulées depuis 1970 dans un rapport anniversaire des Nations unies.

Comment expliquer cet étonnant paradoxe qui veut que les citoyens parmi ceux dont la qualité de vie a le plus progressé dans le monde soient précisément ceux qui en viennent à renverser leurs dirigeants ? Une première explication tient au fait qu'il existe des dictateurs plus ou moins bienveillants et plus ou moins bien inspirés ou habiles pour se maintenir au pouvoir. Une deuxième explication est que le progrès de la santé et de l'éducation donne précisément au peuple les armes dont il a besoin pour franchir l'étape ultime de la liberté politique. Une troisième explication a trait à l'évolution de la variable « participation et responsabilité » en Tunisie dans les quinze années qui ont précédé le déclenchement de la révolution.

Graphique 10. L'indice « Participation et responsabilité » en Tunisie, de 1996 à 2010

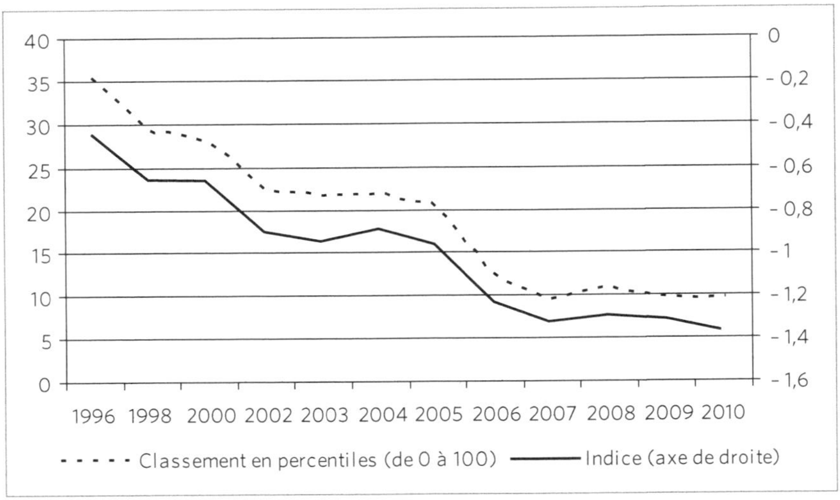

Source : Worldwide Governance Indicators (WGI) http://info.worldbank.org/governance/wgi/index.aspx#home

On y lit clairement la dégradation des libertés civiles et des droits politiques dans le pays qui passe du dernier tiers des pays du monde en 1996 aux 10 % les moins libres en 2010 (l'indice en valeur absolue passant de - 0,45 à - 1,37 soit à peu près une division par trois, voir graphique 10).

Il y a donc beaucoup à apprendre du cas tunisien : le développement humain laisse de côté une dimension fondamentale du bien-être qui est la liberté et que les citoyens viennent tôt ou tard exiger de leurs élites ; même dans des régimes politiques où les libertés politiques ne sont pas assurées il existe des seuils de tolérance à l'oppression qui, une fois franchis, peuvent entraîner un basculement politique souvent irréversible (même si la route vers la démocratie est longue, comme elle l'a été pour la France ou les États-Unis). En tout cas, ne pas prêter attention aux bons indicateurs peut faire perdre le pouvoir…

Tableau 14. Le gouvernement de la Chine en 2013

	Score de gouvernance	**Classement en percentiles**
	(de - 2,5 à + 2,5)	**(de 0 à 100)**
Participation et responsabilité	- 1,58	5,21
Stabilité politique et absence de violence	- 0,55	27,01
Efficacité du gouvernement	- 0,03	54,07
Qualité de la régulation	- 0,31	42,58
État de droit	- 0,46	39,81
Contrôle de la corruption	- 0,35	46,89

Source : Worldwide Governance Indicators (WGI) http://info.worldbank.org/governance/wgi/index.aspx#home

La comparaison pour un même pays des différents indicateurs « *Governance matters* » permet de percevoir une autre réalité tout aussi éclairante : certains régimes politiques peuvent développer des gouvernements efficaces mais qui ne sont pas pour autant démocratiques, on peut ainsi se développer économiquement sans se développer démocratiquement, comme continue de le faire la Chine (tableau 14).

On peut lire la stratégie politique subtile des dirigeants actuels de la Chine, faite d'ouverture et de fermeture, de flexibilité et de fermeté, à travers ces données contrastées (voir tableau) : on perçoit que l'efficacité du gouvernement chinois ainsi que, dans une moindre mesure, la qualité de la régulation et le contrôle de la corruption placent la Chine en position assez favorable par rapport au reste des pays du monde. Mais les indicateurs de démocratie substantielle, le respect de l'État de droit et surtout l'indicateur participation et responsabilité indiquent à quel point les droits politiques et les libertés civiles doivent encore progresser pour que la Chine puisse être dite développée. Au total, du fait de ces déséquilibres, la stabilité politique du pays n'est que modérément assurée…

Progrès social et égalité sociale

Enfin, ces indicateurs de qualité institutionnelle servent aussi à mesurer les progrès qui restent à parcourir aux pays développés tant il est vrai que la démocratie est un chantier permanent où les régressions sont fréquentes et les progrès plus rares.

Il est tout à fait salutaire à cet égard de comparer la France aux pays nordiques, qui sont particulièrement exemplaires s'agissant des différentes facettes de la qualité de leur démocratie[1]. On

1. Notons qu'il existe de nombreux indicateurs thématiques, en dehors de la base de données « *worldwide governance indicators* », qui permettent de mettre en lumière telle ou telle dimension de la qualité institutionnelle. Ainsi l'organisation non gouvernementale Transparency International publie-t-elle sur une base annuelle un « indice de perception de la corruption [qui] s'appuie sur l'opinion d'experts concernant la corruption dans le secteur public. L'accès aux documents administratifs et l'encadrement du comportement des élus sont des éléments déterminants pour l'obtention d'un bon score. À l'inverse, l'incapacité de l'administration à rendre des comptes aux citoyens et l'inefficacité des institutions publiques sont perçues comme des facteurs négatifs ».

mesure alors que notre démocratie a encore de substantiels progrès à accomplir.

Plus avant, le portrait en pied des institutions françaises tel que dressé par les indicateurs « *Governance matters* » indique une faiblesse surprenante au vu des débats français : la stabilité politique et l'absence de violence. En effet, quand on la compare aux pays comparables (ceux de l'OCDE), la France ne se distingue guère : les écarts avec la moyenne des pays de l'OCDE lui sont plutôt favorables (la France fait mieux s'agissant de la participation politique, de l'État de droit, du contrôle de la corruption ou de l'efficacité du gouvernement et légèrement moins bien en matière de qualité de la régulation). En revanche l'écart en matière de stabilité politique et d'absence de violence est nettement défavorable au pays. Lorsque l'on plonge dans le détail des données disponibles et leur évolution dans le temps pour comprendre cette divergence, on constate avec surprise que l'indicateur de stabilité politique, qui était dans la moyenne des pays de l'OCDE avant l'année 2002, se dégrade brutalement après. On peut y lire les craintes des personnes interrogées devant la qualification au deuxième tour de l'élection présidentielle de 2002 du Front national. L'image démocratique de la France s'est donc incontestablement ternie avec la montée de l'extrême droite, qui fait courir un risque certain aux libertés civiles et aux droits humains.

On peut vouloir affiner encore ces indicateurs de qualité démocratique pour révéler tout ce qu'ils peuvent apporter à la compréhension non seulement des pays en développement mais aussi des pays développés, qui doivent impérativement continuer à « investir » dans l'amélioration de leurs institutions. Un enjeu important à cet égard est la question de la justice sociale ou de l'égalité, qui dépasse la question des droits politiques et des libertés civiles pour évaluer les démocraties dans leur deuxième âge, celui des droits sociaux. À mesure que la démocratie se consolide et s'élargit, il apparaît en effet normal d'élever le niveau d'exigence qu'on lui applique.

Une approche particulièrement intéressante de ce point de vue est celle que développe depuis quelques années la Fondation Bertelsmann qui se propose de mesurer le degré de justice sociale dans différents pays européens. Au terme d'un processus d'agrégation, un score de justice sociale est attribué à chacun des 28 pays européens (dans l'édition de septembre 2014). On y découvre que la Suède se classe au 1er rang (avec 7,48), que la France ne se situe qu'au 12e rang (6,12) assez loin derrière l'Allemagne et un peu au-dessus de la moyenne européenne (5,60).

L'avantage de ce classement est qu'il permet de repérer précisément les zones de faiblesse dans l'égalité sociale dans un pays. Une comparaison entre la Suède, l'Allemagne et la France (tableau 15) montre bien que la France pèche surtout dans le domaine de l'égalité scolaire, du marché du travail et des discriminations, autant d'indications précieuses et précises sur les dysfonctionnements du modèle national, que ni les indicateurs économiques ni même les indicateurs de qualité institutionnelle trop généraux ne pourraient repérer.

Tableau 15. L'égalité sociale, comparaison entre trois pays européens

	France	Allemagne	Suède
Prévention de la pauvreté	6,44	6,32	7,26
Éducation équitable	5,43	6,03	7,42
Marché du travail inclusif	6,11	7,19	7,02
Cohésion sociale et non-discrimination	5,97	7,33	8,06
Santé	7,25	7,20	8,15
Justice intergénérationnelle	5,57	5,57	7,87

Source : Fondation Bertelsmann.

PARTIE 2

La soutenabilité

CHAPITRE 9

Jusqu'où ne pas aller trop loin ? (les limites de la planète)

Au début des années 1970, à la veille du premier choc pétrolier, un rapport d'experts avait fait brièvement sensation : son titre français – *Halte à la croissance ?*[1] – était explicite et alertait sur les risques d'épuisement des ressources naturelles et les atteintes de plus en plus graves à l'environnement. Le monde ne comptait alors « que » 3,7 milliards d'habitants, et la Chine (817 millions d'habitants), l'Inde (556 millions) et les autres pays qualifiés aujourd'hui d'« émergents » étaient encore dans les limbes du développement économique.

En un peu plus de quatre décennies, la population mondiale a presque doublé – 7,3 milliards en 2015 –, celle de la Chine aussi (pour atteindre près de 1,4 milliard) et celle de l'Inde plus encore (1,3 milliard). Et le niveau moyen de richesse, donc de consommation de ces pays s'est considérablement élevé, exerçant une pression croissante sur les ressources naturelles – les minerais, les énergies fossiles, mais aussi les terres agricoles et les ressources halieutiques – et sur l'environnement planétaire – sous forme de

1. Fayard, 1973. Le rapport original, rédigé par Donella Meadows, Dennis Meadows, Jørgen Randers et William W. Behrens III, avait été publié en anglais en 1972 sous le titre *The Limits to Growth*.

pollutions et déchets divers. La planète peut-elle le supporter sans dommages, du moins sans dommages tels que la vie de nos descendants en deviendrait difficile, voire infernale ?

La vie humaine – comme toute forme de vie d'ailleurs – a inéluctablement des effets sur l'environnement avec lequel elle est en interaction de mille et une manières : un être vivant respire, se nourrit, etc. Mais 7,4 milliards d'humains ? Et surtout cette partie de l'humanité qui a atteint, ou est en passe d'atteindre, un niveau de consommation élevé, très intensif en ressources naturelles de toutes sortes, répandant dans la nature pour ses besoins de production des milliers de produits de synthèse – pesticides, perturbateurs endocriniens, médicaments et produits chimiques divers – et qui rejette des quantités considérables de déchets – ordures ménagères et plastiques, matériels usagés, particules fines et gaz polluants ou à effet de serre, résidus industriels et nucléaires, matériaux de démolition, etc. – sur terre et dans les océans, transformés en gigantesques décharges. L'environnement de notre planète peut-il résister à pareille pression ? Quel est son degré de résilience ?

C'est aux tentatives d'évaluation des limites de cette capacité planétaire que ce chapitre est consacré. Non pas tant pour alarmer et sembler prédire l'inéluctable catastrophe, mais pour identifier les domaines dans lesquels il est urgent d'agir, d'inverser la tendance avant qu'il ne soit trop tard pour notre bien-être. Car c'est encore possible. On se souvient des menaces de disparition de la couche d'ozone, progressivement amenuisée par les gaz fluorés utilisés naguère dans tous les aérosols. Un accord international signé en 1987 – le protocole de Montréal – les a bannis, et la couche d'ozone est maintenant en voie de reconstitution. De même, dans les régions, notamment françaises, où la déprise agricole a laissé place à des espaces à nouveau inhabités et incultes, dans lesquels ont cessé les épandages de pesticides et d'engrais chimiques, les pollutions se résorbent et les insectes pullulent à nouveau, et avec eux les oiseaux, et leurs prédateurs... Mais il faut pour cela connaître et donc mesurer.

Une lugubre prédiction

En 1798, l'économiste et philosophe britannique Robert Malthus publie un *Essai sur le principe de population* dont le retentissement, alors et jusqu'à nos jours, est considérable. Sa postérité est telle que l'adjectif malthusien désigne aujourd'hui, dans presque toutes les langues, une attitude restrictive, un raisonnement mettant en avant le rationnement, les limites. Malthus, dans son *Essai*, écrit après un voyage en France au cours duquel il a été frappé par la grande misère dans laquelle vivait alors l'immense majorité des citoyens de la République naissante, expose une thèse qui frappe par son pessimisme : l'Angleterre connaît alors une prospérité croissante, grâce aux premiers effets de la révolution industrielle et tout laisse penser que les lendemains seront meilleurs grâce au développement économique qui s'amorce.

Pourtant, Malthus affirme que cette phase de développement économique ne peut durer indéfiniment, que l'espèce humaine est inéluctablement condamnée à retomber dans la misère, en raison de la finitude des ressources naturelles. Les implications des « lois naturelles » qu'il énonce sont implacables : alors que la production économique ne s'accroît, selon lui, que de manière linéaire, la population, elle, augmente exponentiellement, plus rapidement donc que la production de biens de consommation. La collision est inévitable : tôt ou tard, il n'y en aura pas assez pour tout le monde, et le cycle infernal de la paupérisation reprendra son cours, jusqu'à ce que la misère et son cortège de maux – malnutrition, épidémies, etc. – fassent leur œuvre sinistre, réduisant le nombre des humains, et autorisant ainsi une nouvelle phase de progrès matériel, elle-même condamnée à se tarir par surpopulation. Malthus résume ainsi son message lugubre : il n'y a pas de place pour tout le monde au « grand banquet de la nature ».

Malthus a eu tort, nous le savons maintenant : au moment même où il publiait ses thèses pessimistes, l'Angleterre, puis l'Europe occidentale, et à leur suite, le monde entier, entraient dans une nouvelle ère, une longue période d'augmentation quasi continue et formidablement rapide des niveaux de vie moyens et du bien-être matériel des populations, comme l'humanité n'en avait jamais connu auparavant. Les raisons de son erreur sont aujourd'hui bien comprises des économistes et des démographes : le progrès technique a permis, depuis plus de deux siècles, une croissance économique exponentielle, encore accélérée après la Seconde Guerre mondiale ; et l'amélioration des conditions de vie, la baisse de la mortalité, notamment infantile et périnatale, l'allongement de l'espérance de vie grâce aux progrès de l'hygiène, de la nutrition et de la médecine et surtout la généralisation de l'éducation et des politiques de santé ont incité les femmes à réduire leur fécondité, la croissance de la population ralentissant un peu partout dans le monde à mesure que se diffusaient des modes de vie et des modèles familiaux d'inspiration occidentale. Et on a découvert de nouvelles ressources naturelles, amélioré les rendements agricoles, etc., si bien que le « grand banquet de la nature » a fini par sembler inépuisable.

La double revanche de Malthus ?

Mais est-on bien sûr de l'erreur de Malthus ? Peut-on affirmer qu'il a définitivement tort, que la course sans fin qu'il décrit entre la population et les ressources disponibles pour assurer sa subsistance et son bien-être est à ranger au rayon des vieilles lunes, à côté de toutes ces craintes millénaristes dont se nourrissent, depuis la nuit des temps, toutes les superstitions alimentées par tous les prophètes de malheur ? La croissance de la population mondiale ralentit certes, depuis les années 1970, mais les dernières projections démographiques de l'ONU publiées à l'automne 2014 sont bien moins rassurantes que les précédentes : le nombre d'humains sur terre se dirige à un rythme encore soutenu vers 9 milliards à l'horizon 2050 ; et il n'est pas sûr du tout que l'on atteigne alors le plateau espéré, la population pourrait au contraire continuer de croître jusqu'à 11 milliards... Ce pourrait être plus, notamment parce que la fécondité ne baisse pas aussi vite que prévu dans certains pays, tandis que l'espérance de vie continue de s'élever presque partout.

Par ailleurs, il est désormais avéré que certaines ressources naturelles sont en voie d'épuisement, à une échéance plus ou moins proche : le défrichement des terres vierges ne pourra se poursuivre indéfiniment ; les ressources halieutiques sont surexploitées ; certaines sources d'énergie fossile – le charbon, le pétrole, le gaz conventionnel notamment – sont désormais accessibles à des coûts économiques et écologiques sans cesse croissants, même si, de temps à autre, des découvertes, comme celle des gaz ou des pétroles de schiste, procurent un répit et donnent l'illusion d'un monde à nouveau sans limites.

Mais surtout, ce que Malthus n'avait pas imaginé, et qui conforte sa thèse, c'est l'impact des activités humaines sur la biosphère. À l'heure où il publiait son *Essai*, et à son insu, la planète entrait dans ce que nombre de scientifiques considèrent aujourd'hui comme une nouvelle ère géologique : l'Anthropocène, caractérisée par l'influence de l'humanité sur l'environnement global. Nos déchets, nos rejets, notre emprise sur la nature, tout cela atteint une telle échelle que l'ensemble des régulations planétaires s'en trouve profondément altéré.

Malthus est encore là pour nous rappeler que le premier indicateur de soutenabilité est la démographie : les limites de la planète sont plus que jamais des limites humaines.

Nos connaissances scientifiques en la matière sont inégales ; une part importante de la recherche contemporaine est d'ailleurs consacrée à tenter de les identifier et d'en quantifier les conséquences. Mais il est quelques domaines dans lesquels les soupçons sont devenus des quasi-certitudes, et pour lesquels les données collectées sont nombreuses et concordantes. Évoquons-en brièvement trois, qui font, depuis un peu plus de trois décennies, l'objet d'une attention particulière de la part des chercheurs et de la communauté internationale : le changement climatique, la destruction de la biodiversité et la dégradation des écosystèmes.

Changement et justice climatiques

La concentration de gaz à effet de serre dans les basses couches de l'atmosphère, responsable du changement climatique, s'accroît de manière exponentielle depuis un peu plus de deux siècles : un peu de moins de 280 ppm[1], en moyenne au cours des siècles qui ont précédé le commencement de l'ère industrielle, plus de 400 ppm aujourd'hui, avec un rythme annuel d'émissions mondiales qui s'accélère dangereusement au cours des trois dernières décennies au lieu de se réduire[2].

Le changement climatique qui en résulte est désormais incontestable et perceptible : non seulement la température moyenne à la surface de la terre augmente – elle s'est accrue d'environ 0,8 °C depuis la fin du XIXe siècle –, mais les phénomènes climatiques extrêmes – sécheresses, canicules, tempêtes, ouragans et cyclones, épisodes pluvieux marqués et inondations, épisodes glaciaires – deviennent plus fréquents et plus intenses dans toutes les régions du globe.

La question centrale, qui sera au cœur des négociations du sommet de Paris de décembre 2015 sur le climat se formule aisément : qui est responsable des émissions de gaz à effet de serre qui

1. L'unité de mesure de la concentration est le nombre de parties par million (ppm) de GES dans l'atmosphère, l'ensemble des GES étant converti en « équivalent CO_2 » selon l'intensité de l'effet de serre produit par chacun d'eux.
2. Ces données sont disponibles sur différents sites institutionnels, notamment celui de l'UNEP (Programme des Nations unies pour la protection de l'environnement), et celui du GCP (Global Carbon Project), un consortium d'institutions scientifiques et d'ONG, http://www.globalcarbonproject.org/index.htm

engendrent ce changement climatique ? La réponse est beaucoup plus complexe…

Il est possible d'évaluer les flux d'émissions à l'échelle d'un pays, d'une région, d'un secteur d'activité, voire d'une entreprise. En 1997, lors de la conférence internationale de Kyoto, un premier engagement, en principe contraignant, de réduction des émissions de GES a été pris par les pays les plus avancés économiquement, les autres en étant dispensés en raison de leur moindre niveau de développement et de leur faible contribution à l'accumulation passée de GES dans l'atmosphère. Les pays du premier groupe – ceux de l'OCDE et de l'ancienne Union soviétique, représentant, pour l'année de référence (1990), environ 60 % du flux total d'émissions de GES – s'engageaient, par ce protocole, à réduire leurs émissions d'au moins 5 %, par rapport au volume émis en 1990, à l'horizon 2012. Cet objectif a été tenu, mieux les dernières données disponibles montrent une réduction de l'ordre de 10 %. Le protocole de Kyoto est donc un succès… et un échec cuisant !

Car depuis 1990, les émissions mondiales ont non seulement continué d'augmenter à un rythme soutenu dans la majorité des pays développés (c'est l'effondrement de l'ex-URSS qui explique les bons résultats de Kyoto), mais elles se sont accélérées dans les pays émergents (surtout en Chine) qui ne se sont pas vu attribuer d'objectifs contraignants par le traité. Résultat : près de 60 % d'augmentation des émissions globales depuis 1990 ! Les efforts de réduction de l'Union européenne – dont les émissions ne représentaient, en 2013, qu'un peu moins de 11 % du total après une réduction de 20 % depuis 1990 – ont été plus que compensés par la hausse vertigineuse des émissions partout ailleurs.

En outre, les mesures prises par l'UE pour atteindre cet objectif – notamment la création, en 2005, d'un marché de quotas d'émissions (dit « marché du carbone ») qui fixe un prix pour la tonne de carbone émise, ont favorisé une certaine délocalisation des activités productives les plus émettrices : en croissance soutenue dans les pays non couverts par les engagements du protocole de Kyoto – singulièrement en Asie (Chine, Indonésie, Thaïlande notamment) –, ces activités fortement émettrices produisent des biens destinés à l'exportation, donc en partie consommés dans les pays de l'UE. Les réductions observées lorsque l'on s'attache aux émissions dues à la production sur le territoire des pays européens sont dès lors en partie compensées par des émissions attribuables aux productions réalisées ailleurs pour servir les consommateurs européens, comme l'illustre le graphique 11 qui retrace l'évolution des émissions par habitant de l'Allemagne et de la France, en termes de production sur le territoire national et en termes de production des biens consommés sur ce même territoire : alors que les émissions de production baissent en France depuis 1990, elles stagnent lorsqu'on les considère en termes de consommation (on note d'ailleurs que l'écart entre les deux indicateurs est plus important pour la France que pour l'Allemagne).

Quel indicateur faut-il alors choisir pour les négociations climatiques ? Les gouvernements ont proposé de retenir pour objectif une augmentation de la température moyenne terrestre inférieure à 2 °C à la fin du XXIe siècle, ce qui correspond à une concentration maximale de GES dans l'atmosphère de 450 ppm. Mais cette limite globale – dont il est désormais peu probable qu'elle puisse être respectée – n'a guère de sens : une augmentation de 2 °C de la température moyenne est sans doute acceptable pour les pays les plus riches, au prix, sans doute, de quelques dépenses d'adaptation ; mais elle est synonyme, pour d'autres pays, d'évolutions catastrophiques – de submersion pour certaines îles du Pacifique et les zones côtières basses très peuplées de l'Asie et de l'Afrique, d'alternances de pluies diluviennes et de sécheresses dans les pays du Sahel, etc.

Qui plus est, comment traduire cet objectif de température globale en réductions d'émissions ? Quelles références prendre, et sur quelle base fixer des objectifs nationaux : les émissions nationales, ou les émissions par tête, les flux actuels, ou les responsabilités

Graphique 11. Émissions par habitant en production et consommation, tonnes d'équivalent CO_2, France et Allemagne, 1990-2012

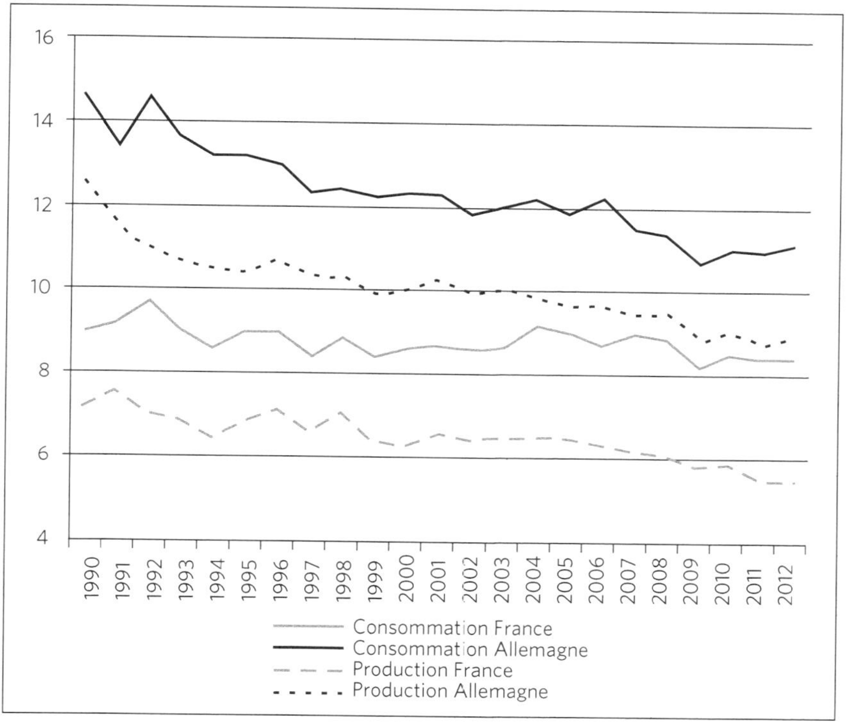

Source : Global Carbon Project.

passées dans l'accumulation du stock actuel de GES ? Dans les négociations internationales, la position des pays émergents, comme la Chine, encore classés en 1997 au moment de la conférence de Kyoto parmi les pays en développement, a longtemps été que les responsabilités passées et le niveau des émissions par tête plaidaient en faveur d'efforts différenciés – les pays les plus riches devant en faire l'essentiel ; mais les émissions par tête de la Chine sont aujourd'hui pratiquement au même niveau que celles de la France et de l'Union européenne dans son ensemble (1,9 tonne)…

La négociation sur le climat n'est donc pas seulement une décision technique sur la foi de données scientifiques mais un dialogue politique sur des critères éthiques. Le choix des indicateurs de référence est donc capital et doit être au cœur du sommet de Paris, tant il est vrai que changement climatique et justice climatique sont indissociables.

Valoriser les écosystèmes

La vie sur notre planète prend des formes d'une variété presque infinie. C'est cette diversité biologique que l'on désigne par le terme biodiversité. Elle résulte de la différenciation et de l'évolution des espèces vivantes au cours des millions d'années – sans doute même des milliards, selon les théories les plus récentes – qui nous séparent de l'apparition des premières formes de vie sur terre. Trois niveaux de diversité sont habituellement distingués : les biologistes mettent l'accent sur la variété des espèces vivantes et sur la diversité génétique, tandis que les écologues privilégient celle des écosystèmes, ensembles « complexes dynamiques composés de plantes, d'animaux, de micro-organismes et de la nature morte environnante agissant en interaction en tant qu'unité fonctionnelle[1] ». Nos savoirs en ces domaines demeurent très partiels : environ 2 millions d'espèces d'animaux, de végétaux et de micro-organismes ont été répertoriées, mais elles ne représentent probablement guère plus de 10 % des espèces existantes, car nous ne connaissons qu'une petite fraction de celles qui peuplent les grands fonds des océans, qui couvrent approximativement deux tiers de la surface du globe, et nous ignorons presque tout des millions de micro-organismes qui vivent en symbiose avec les différentes espèces animales et végétales, et d'innombrables virus et bactéries.

1. Définition retenue par les auteurs du rapport de l'ONU sur l'*Évaluation des écosystèmes pour le millénaire* (en anglais *Millenium Ecosystem Assessment*, MEA) publié en 2005.

Même si l'on s'en tient aux espèces connues, le rythme d'extinction s'accélère dangereusement depuis trois décennies. Selon les données collectées par l'Union internationale pour la conservation de la nature (UICN), environ un tiers des espèces connues sont menacées : sur la « liste rouge » ainsi établie, figuraient en 2014 58 % des espèces connues de vertébrés, dont environ 12 % menacées d'extinction (et 27 % des amphibiens). De même, l'ONG World Wildlife Fund (WWF, en français Fonds mondial pour la vie sauvage), qui a établi un indicateur global, le « Living Planet Index » (LPI) qui suit 4 642 populations de 1 686 espèces, la baisse est de l'ordre de près de 30 % depuis 1970, principalement dans les zones tropicales. Bien que partielles, ces indicateurs suggèrent que la planète est entrée dans une nouvelle ère d'extinction massive d'espèces, la sixième recensée par les paléontologues, la précédente ayant été, il y a environ 65 millions d'années, celle qui a vu disparaître les dinosaures[1].

Parallèlement, la disparition de nombreux écosystèmes, du fait de la pollution, de changements dans l'utilisation des sols – notamment l'artificialisation engendrée par l'urbanisation et l'aménagement des voies de communication et autres infrastructures – etc., se produit à un rythme rapide. Les modifications de l'environnement engendrées par les activités humaines depuis un peu plus de deux siècles sont trop amples et trop brutales pour que le processus de l'évolution permette à la plupart des espèces vivantes et aux écosystèmes de s'y adapter, comme cela a pu se produire dans le passé lorsque les changements ont été progressifs[2].

---

1. Pour une évaluation récente de la situation et des perspectives en matière de biodiversité globale, voir le IVe rapport *Perspectives mondiales de la diversité biologique*, publié en 2014 par le Secrétariat de la Convention sur la diversité biologique, http://www.cbd.int/gbo4/

2. Évidemment, certaines espèces s'adaptent plus facilement que d'autres aux modifications de leur écosystème engendrées par les activités humaines : des bactéries deviennent rapidement résistantes aux antibiotiques, les goélands deviennent essentiellement terrestres, etc. Mais à côté de ces quelques contre-exemples, combien de disparitions ?

Or les écosystèmes comme les espèces vivantes, outre leur valeur intrinsèque liée à leur singularité, rendent d'innombrables services aux humains : certains constituent des ressources récréatives ; d'autres, que l'on ne soupçonne pas toujours, fournissent des services de régulation, tels que l'épuration des eaux polluées, la purification de l'air, la capture des gaz carboniques, etc. Sans parler des services dont on peut aisément évaluer la valeur économique, tels que ceux de pollinisation par les insectes des plantes cultivées produisant la plupart de nos fruits et légumes : l'effondrement des populations d'abeilles a, déjà, dans certaines régions, des conséquences tangibles, d'un coût mesurable par celui des méthodes employées pour féconder les fleurs dans les vergers, soit manuellement comme dans la région chinoise du Sichuan, soit en louant les services de ruches apportées d'autres régions, comme dans les vergers d'agrumes et d'amandiers californiens.

Les tentatives d'évaluation de ces services écosystémiques les plus convaincantes sont locales. Au Royaume-Uni, le *UK National Ecosystem Assessment*, publié pour la première fois en 2011 et actualisé en 2014, a procédé à un recensement systématique et proposé des évaluations fondées sur les différents services écosystémiques rendus. Les rapports *TEEB* (*The Economics of Ecosystems and Biodiversity*) ont entamé un vaste programme d'évaluation des services écosystémiques qui commence à porter ses fruits. Plus récemment, un groupe international d'experts de la biodiversité, l'IPBES (*International Panel for Biodiversity and Eco Systems)* inspiré du GIEC, a été créé ; ses premiers rapports, qui doivent être rendus publics en décembre 2015, devraient permettre une meilleure connaissance de l'état des systèmes agricoles et de la pollinisation. Peut-on imaginer disposer d'indicateurs plus généraux et plus globaux ?

L'empreinte de l'humanité

Certains chercheurs ont eu l'idée d'évaluer l'ampleur des « traces » des activités humaines à l'aide d'indicateurs appelés « empreintes », dont le plus connu est l'« empreinte écologique ». Il s'agit de mesurer la pression qu'exercent la vie et les activités humaines sur l'environnement naturel, soit sur un phénomène spécifique et bien identifié – l'empreinte carbone, pour évaluer la pression sur le climat –, soit en s'efforçant d'inclure et de synthétiser différentes dimensions des atteintes à l'environnement global et aux ressources naturelles. C'est l'ambition affichée par l'« empreinte écologique », élaborée par Mathis Wackernagel en 1995 et qui peut être calculée à différentes échelles et pour différentes entités : l'humanité tout entière, une nation, une région, une ville, un secteur d'activité, voire un individu[1].

La comptabilité d'empreinte consiste à recenser les surfaces mobilisées pour produire les biens et services consommés – terres agricoles, surfaces artificialisées pour les villes et les transports, étendues marines pour la pêche, etc. –, ainsi que celles qui seraient nécessaires à l'absorption des principaux rejets et déchets engendrés par la production et la consommation de l'entité considérée – en pratique surtout l'absorption des gaz carbonés par les végétaux. Cette « empreinte » est évaluée en convertissant ces surfaces en unités comparables – l'« hectare global », qui présente les caractéristiques moyennes de rendement agricole et de capacités d'absorption observées sur l'ensemble de la planète au cours d'une période de référence.

L'attrait de cette évaluation par empreinte tient à ce qu'elle permet, en principe, d'évaluer la « capacité biologique » de la planète, représentant l'offre disponible de ressources naturelles et de services écosystémiques, et de la comparer à ce que nécessiterait, en ces

1. Le *Global Footprint Network* (GFN) propose des calculateurs d'empreinte et recense les données disponibles à différentes échelles, http://www.footprintnetwork.org/fr/index.php/GFN/

mêmes unités, la consommation effectivement observée : l'écart entre cette « offre biologique » et la « demande » émanant des consommations humaines donne une indication sur la « pression excessive » de ces dernières sur les capacités naturelles de la planète. L'évaluation de l'empreinte écologique permet, notamment, de donner des indications imagées et facilement compréhensibles de cette pression humaine sur l'environnement naturel et les ressources : elle indique ainsi que, depuis 1980, l'humanité a dépassé la capacité biologique de la planète et « surexploite » désormais, et de plus en plus, les ressources biologiques disponibles. L'empreinte permet aussi d'établir la date du « jour du dépassement » : en 2014, c'est à partir du 18 août que l'humanité a commencé à consommer et émettre plus que la biocapacité de la planète ne l'aurait permis pour l'année entière, alors qu'en 1993, le dépassement avait eu lieu le 21 octobre ; jusqu'à la fin de l'année, les activités humaines épuisent les ressources et les rejets et déchets ne peuvent plus être absorbés par le milieu naturel sans dommages[1].

Cet indicateur souffre toutefois d'une grande faiblesse : le déséquilibre qu'il pointe (le « déficit écologique » entre empreinte écologique et biocapacité) résulte à peu près totalement de l'accroissement de l'empreinte carbone (tableau). L'analyse du changement climatique à l'aide d'indicateurs plus fins s'avère un exercice plus utile que l'usage de ces données, qui n'intègrent aucun des processus dynamiques du climat.

1. Des évaluations d'empreinte écologique par pays sont également disponibles. Mais elles sont très discutables, car, prenant en compte les importations et les exportations de chaque pays, elles aboutissent, sans surprise, à la conclusion que les pays peu dotés en ressources naturelles et très peuplés exercent une pression écologique plus forte que ceux qui ont beaucoup de ressources par habitant. Or les échanges internationaux ont toujours eu pour moteur ces différences de dotations.

Tableau 16. L'évolution de l'empreinte écologique, 1961-2007

	1961	1970	1975	1980	1985	1990	1995	2000	2007
Population globale (en milliards)	3,1	3,7	4,1	4,4	4,8	5,3	5,7	6,1	6,7
Empreinte écologique globale	**2,4**	**2,8**	**2,8**	**2,8**	**2,6**	**2,7**	**2,6**	**2,5**	**2,7**
Empreinte liée à l'agriculture	1,1	1,0	0,9	0,8	0,8	0,7	0,7	0,6	0,6
Empreinte liée à l'élevage	0,4	0,3	0,3	0,3	0,2	0,2	0,2	0,2	0,2
Empreinte liée aux forêts	0,4	0,4	0,4	0,4	0,3	0,3	0,3	0,3	0,3
Empreinte liée à la pêche	0,1	0,1	0,1	0,1	0,1	0,1	0,1	0,1	0,1
Empreinte liée au carbone	0,3	0,9	1,0	1,1	1,1	1,2	1,2	1,2	1,4
Empreinte liée au bâti	0,1	0,1	0,1	0,1	0,1	0,1	0,1	0,1	0,1
Biocapacité globale	**3,7**	**3,1**	**2,9**	**2,6**	**2,4**	**2,3**	**2,1**	**2,0**	**1,8**

Source : WWF.

Tous égaux devant la limite ?

Même si elles sont fondées sur une méthodologie discutable, notamment parce qu'elles ne prennent en considération qu'une partie des interactions entre l'humanité et son environnement et parce qu'elles supposent que la biocapacité est figée, déterminée par l'état des connaissances et des techniques, notamment de production – les rendements agricoles, par exemple –, ces « empreintes » pointent vers l'enjeu essentiel : la « résilience[1] » de la planète, c'est-à-dire sa capacité d'endurance.

La démarche adoptée par l'approche dite des « limites planétaires » peut être vue comme une généralisation de celles des empreintes, qu'elle améliore de différentes manières. D'abord en élargissant le champ des interactions considérées : dans les plus récentes versions de l'indicateur de « limites planétaires », ce sont neuf processus qui sont pris en compte et évalués (changement climatique, couche d'ozone, cycles biochimiques de l'azote et du phosphore, acidification des océans, utilisation des sols, etc.). Dans chacun de ces domaines, les auteurs évaluent deux « frontières » : celle en deçà de laquelle il n'y a pas de danger ; et celle au-delà de laquelle nos connaissances scientifiques nous permettent d'affirmer que les risques sont élevés. Entre les deux, une couronne, zone intermédiaire de risque croissant et/ou d'effets incertains.

L'indicateur fait clairement apparaître les quatre domaines dans lesquels, en l'état actuel de nos connaissances scientifiques, les risques sont élevés, voire très élevés : les atteintes à la biosphère, et les perturbations des cycles biochimiques de l'azote et du phosphore, pour lesquels l'humanité est désormais dans la zone rouge, l'utilisation des sols et le changement climatique, processus pour

1. Notons que l'institut suédois qui publie, dans le cadre d'un consortium international d'institutions scientifiques, les données sur les « limites planétaires » évoquées dans cette partie s'appelle le Stockholm Resilience Centre. Les données discutées ici sont accessibles sur le site : http://www.stockholmresilience.org/21/about.html

lesquels les activités humaines ont d'ores et déjà franchi la frontière de la zone « sûre ». On peut noter que, comme pour l'indicateur d'« empreinte écologique », les secteurs agricoles occupent une place prééminente dans cette évaluation des limites planétaires, du fait des impacts qu'ils ont, directement ou indirectement, sur l'utilisation des sols, sur les atteintes à la biosphère, sur les émissions de GES et sur les cycles de l'azote et du phosphore[1].

Bien qu'encore sommaire, et assurément insuffisante pour assurer la soutenabilité du développement humain, la signalétique des limites planétaires constitue indéniablement un système d'alerte facilement lisible. Mais on peut douter de sa pertinence : les limites des zones à risque sont trop mal connues ; qui plus est, en découpant en tranches les processus planétaires, sans en expliciter les interactions, l'ensemble d'indicateurs constitué par les « limites planétaires » en donne une image tronquée. Mais surtout, tous les humains sont-ils égaux devant les limites planétaires : sont-ils également responsables, sont-ils également affectés ? C'est ici que l'approche non pas purement écologique mais social-écologique prend tout son sens : qui est responsable de quoi et avec quelles conséquences pour qui ? Les limites de la planète ne sont pas physiques ou biologiques, elles sont éthiques et politiques.

1. Depuis la fin du XIXe siècle, d'abord aux États-Unis, puis en Europe, et progressivement dans les autres pays du monde, s'est diffusé un nouveau mode de production agricole, qui fait un usage intensif d'intrants d'origine industrielle, issus de la chimie de synthèse (engrais, pesticides, antibiotiques, notamment) et rejette dans l'environnement naturel des déchets qui perturbent fortement les cycles naturels. Voir notamment, Jacques Le Cacheux, « Agriculture mondiale et européenne : les défis du XXIe siècle », *Revue de l'OFCE, Débats et politiques*, 2011, 120, *Économie du développement soutenable*, sous la direction d'Éloi Laurent, p. 195-234, http://www.ofce.sciences-po.fr/publications/revue120.htm

CHAPITRE 10

Économiser la biosphère (les flux de matières et le découplage)

Le décor du bien-être humain, la biosphère, dont nous venons de voir à quel point elle est aujourd'hui en crise, ne doit pas être perçu seulement comme un ciel menaçant, lourd de tempêtes imminentes. Les humains prospèrent sur la planète comme aucune espèce et n'ont cessé d'améliorer leur condition depuis 7 millions d'années parce qu'ils ont appris à tirer le meilleur d'un environnement terrestre foncièrement hospitalier.

Dans cette optique, rien n'est plus faux que de voir notre planète comme un monde dual formé de deux entités séparées, l'homme et la nature, dans un superbe isolement mutuel. Il y a au contraire une interdépendance de plus en plus étroite entre monde humain et monde naturel. Elle n'est d'ailleurs que l'expression des échanges incessants entre la biosphère et les sociétés d'êtres vivants, dont la société humaine, qui sont contenues en elles.

C'est la mesure de ces échanges que ce chapitre entend éclairer afin de sortir de la vision trompeuse d'un monde économique qui tournerait en circuit fermé. On peut paradoxalement le faire en utilisant les outils de l'analyse économique mais en élargissant et en approfondissant leur cadre. Il y a en effet fondamentalement deux façons de comptabiliser les entrées et les sorties dans une économie. La première consiste à utiliser l'identité macroéconomique qui veut que le revenu national soit égal à la combinaison du capital, du travail et des autres facteurs de production (ce que l'on appelle l'offre), elle-même égale à la somme de la consommation, de l'investissement, du commerce extérieur et de la politique budgétaire (ce que l'on appelle la demande).

Ce sont des flux économiques et monétaires qui sont comptabilisés ici, mais ce ne sont que des flux de second ordre, les cours d'eau de surface, constamment alimentés par les nappes phréatiques sans lesquelles ils se tariraient, qui sont les flux de matières premières. Il nous faut donc, pour commencer, rendre visible cette infrastructure souterraine du système économique faite de ressources naturelles et d'énergie.

Entrées et sorties économiques et écologiques

L'« offre » de matières premières dans une économie (biomasse comme le bois, métaux comme l'acier, énergies fossiles comme le pétrole, tout autre minéral non métallique ou énergétique[1]) est très simplement constituée de l'extraction intérieure et des importations, dont la somme forme l'apport de matières premières annuel. Se pose ensuite la question de son usage, que l'on nomme la consommation matérielle directe, et qui est pour elle formée de la totalité des matériaux consommés au cours d'une année par une économie, soit les matériaux extraits auxquels on retire les matériaux exportés et on ajoute les matériaux importés.

On peut dans un premier temps rapporter ces quantités au nombre d'habitants. On sait ainsi que, dans l'Union européenne,

1. Ne sont pas comptabilisés ici l'eau et l'air, on y revient plus loin.

l'apport direct matériel représentait 15,5 tonnes/habitant/an en 2009 (réparties en 12,5 tonnes de matériaux extraits sur le sol européen et 3 tonnes de matériaux importés), permettant une consommation matérielle de 14,5 tonnes et des exportations de 1 tonne. On mesure immédiatement que l'Europe importe trois fois plus qu'elle n'exporte de ressources naturelles et d'énergie, ce qui veut dire que sa prospérité est en partie assurée par le reste du monde, auquel elle achète une partie substantielle de ses ressources.

Plus intéressant encore, ces simples instruments de mesure permettent de comprendre que si l'économie européenne est la première économie du monde en termes de PIB, elle se trouve en situation de lourd déficit écologique (au sens des flux de ressources naturelles et d'énergie) avec le reste du monde. On a ainsi calculé qu'en 2008, l'Union européenne à 27 exportait environ 500 millions de tonnes de matières dans le monde mais importait 1 800 millions de tonnes en retour, soit un rapport de 1 à 3,5. Ce déficit s'explique largement par un poste : les produits énergétiques et miniers, pour lesquels l'Europe accuse un déficit de 1 100 millions de tonnes (la quasi-totalité de son déficit).

L'Union européenne est aujourd'hui en excédent commercial mais en déficit écologique avec le reste du monde, ce qui en dit bien plus sur la fragilité de sa stratégie de développement que les chiffres du PIB. Ce que nous révèlent ces instruments de comptabilité des flux de matières, c'est notamment la très grande vulnérabilité énergétique du modèle européen, dont la dimension géopolitique est parfaitement visible à la lumière des relations entretenues avec certains de nos principaux fournisseurs comme la Russie. C'est ce genre de liaison dangereuse qui a conduit les États-Unis à tenter de s'émanciper de la dépendance pétrolière à l'égard du Moyen-Orient en misant sur la production intérieure[1].

1. Cette stratégie elle-même ne va pas sans risque pour les écosystèmes du pays, la véritable alternative pour l'Europe consiste à investir dans l'efficacité énergétique et les énergies renouvelables pour se passer progressivement des énergies fossiles.

Cette mise en évidence de la « dépendance naturelle » de l'Union européenne, pauvre en ressources mais très densément peuplée et riche économiquement contient l'intuition que l'UE externalise une partie du coût de son développement économique et humain en dehors de ses frontières : l'Agence environnementale européenne estime ainsi que 24 à 56 % des empreintes écologiques de l'Union européenne (air, sol, climat) ont des effets hors d'Europe, on y reviendra.

Reprenons l'indicateur de consommation matérielle intérieure et demandons-nous comment le relier à l'activité économique. Une première approche consiste à le rapporter au PIB. On obtient alors une mesure de la productivité matérielle de l'économie : combien d'unités de production sont obtenues à partir d'une quantité donnée de ressources naturelles ?

On comprend tout de suite le double intérêt de l'exercice : d'une part, le concept de productivité est élargi pour inclure les ressources naturelles et pas seulement le travail ; d'autre part, on peut comparer les pays sur la base non pas de leur richesse économique seule mais sur leur capacité à minimiser l'usage de ressources naturelles rares et précieuses dans le processus de production. La question n'est plus de savoir qui est le plus riche mais qui est le plus économe. Ainsi, l'économie hollandaise est une des plus économes en Europe (sa productivité matérielle atteint plus du double de celle de ses voisins), la France étant plus économe que l'Allemagne d'environ 30 % (tableau 17).

De manière générale, les comparaisons internationales montrent que le métabolisme des pays les plus développés est plus efficace que celui des pays les moins avancés, ce qui n'est guère surprenant mais nous amène directement à une autre question encore plus intéressante que ces comparaisons spatiales mais statiques : l'activité économique est-elle capable dans la durée d'utiliser de moins en moins de ressources naturelles ? L'économie est-elle devenue économe avec le temps ?

Tableau 17. Productivité matérielle des économies européennes (PIB/consommation matérielle intérieure)

	2000	2013
UE (27)	1,34	1,76
Belgique	1,83	2,17
Bulgarie	0,18	0,23
République tchèque	0,47	0,78
Danemark	1,48	1,81
Allemagne	1,5	1,89
Estonie	0,4	0,33
Irlande	0,7	1,42
Grèce	1,03	1,43
Espagne	1,12	2,41
France	1,8	2,33
Italie	1,5	2,46
Chypre	0,76	1,41
Lettonie	0,25	0,34
Lituanie	0,49	0,65
Luxembourg	2,39	3,21
Hongrie	0,59	0,85
Malte	1,27	1,41
Pays-Bas	2,4	3,52
Autriche	1,21	1,53
Pologne	0,39	0,49
Portugal	0,78	1,06
Roumanie	0,35	0,21
Slovénie	0,7	1,2
Slovaquie	0,56	0,83
Finlande	0,79	0,93
Suède	1,47	1,61
Royaume-Uni	2,13	3,33

Source : Eurostat.

Découpler pour vivre heureux ?

La réponse à cette question, qui appartient à la problématique dite du « découplage » entre activité économique et consommation de ressources naturelles, est complexe. On s'en tient ici à deux dimensions, qui se traduisent par deux constats largement acceptés dans la communauté scientifique mais troublants de par leur caractère contradictoire.

Le premier constat est que la plupart des économies du monde se sont au fil de XXe siècle « dématérialisées » : rapportées aux richesses économiques produites, elles consomment de moins en moins de matières premières. Autrement dit, leur productivité (ou encore leur efficacité) matérielle grandit. Mais, deuxième constat plus embarrassant, le volume de ressources naturelles consommées par ces mêmes économies ne cesse de gonfler (depuis les années 1950 en particulier, on assiste à un accroissement considérable de la consommation de biomasse et des gisements de métaux de construction pour ne citer qu'eux).

Il y a donc, en langage technique, un découplage « relatif » entre activité économique et consommation de matières premières (cette dernière croît moins vite que ne croît le développement économique) mais pas de découplage absolu[1] (il n'y a pas de décroissance des quantités consommées au fil du temps, bien au contraire). En d'autres termes, on consomme de mieux en mieux mais de plus en plus !

Un indicateur permet très précisément de mesurer cette évolution : l'indice d'appropriation humaine des ressources primaires. De 1910 à 2005, alors que la population humaine est multipliée par quatre et la richesse économique est multipliée par 17, il se

1. Sur cette question complexe et notamment sur la possibilité pour certains pays de réaliser un découplage absolu, on renvoie à Éloi Laurent, « Faut-il décourager le découplage ? », *Revue de l'OFCE*, 2011, http://spire.sciencespo.fr/hdl:/2441/eu4vqp9ompqllr09hi4j535cm

« contente » de doubler. La consommation de ressources naturelles a donc progressé bien moins vite que la population et nettement moins vite que la richesse économique. Mais il n'en demeure pas moins que nous consommons deux fois plus en volume qu'il y a un siècle. Cela veut dire notamment un passage de 7 tonnes de carbone par habitant à près de 15 tonnes avec les conséquences que l'on connaît à présent sur le changement climatique et à terme sur le bien-être humain lui-même.

À cette réalité inquiétante s'en ajoute une autre : les indicateurs que nous avons utilisés jusqu'à présent ne traduisent qu'une partie de la boulimie humaine de ressources naturelles et souffrent notamment de deux limites importantes. D'une part, ils omettent une partie substantielle des échanges entre les humains et la biosphère. Pour l'économie conventionnelle en effet, il n'y a rien au-delà de la consommation et de l'utilité qu'elle procure aux individus, qui marque la fin, au double sens du terme, du processus commencé avec la production. Pour l'économie écologique, au-delà de la consommation, il y a le déchet. Et ce déchet est au demeurant présent tout au long de la chaîne de production qui commence par l'extraction. D'autre part, ils ne comptent pas certaines ressources pourtant absolument essentielles au développement humain comme les ressources en eau.

La considération apportée (ou pas) à la production de déchets tout au long du processus de production tient au choix entre deux visions largement antinomiques du système économique. La première économie est dite linéaire et met bout à bout dans la chaîne de production un prélèvement excessif de ressources naturelles (par exemple, minières), une consommation excessive d'énergie principalement d'origine fossile (par exemple, du charbon) au cours de la production et de forts rejets de déchets non biodégradables au terme du processus de consommation (par exemple, le plastique). La vision alternative est dite « circulaire » : elle consiste à limiter les prélèvements dans la biosphère, à utiliser en quantité raisonnable des énergies renouvelables et à limiter les déchets par l'utilisation de matériaux recyclables.

Chacune de ces étapes fait l'objet d'une comptabilisation. Les pays développés sont notamment bien plus qu'il y a encore deux décennies attachés à réduire le volume de leurs déchets. La France a ainsi amélioré ces dernières années les pratiques de tri des déchets et le recyclage, parvenant à réduire le volume de déchets calculé par habitant. Elle est pour autant loin de ses voisins européens pour ce qui concerne la pratique du recyclage, même si son progrès est notable (voir tableau 18).

Tableau 18. Pourcentage des déchets municipaux recyclés

	1995	2000	2005	2010	2012
UE (27)	17,4	25,2	31,9	38,3	41,5
Belgique	19	47,8	53,6	57,8	57,3
Danemark	25,2	31,5	34,4	42,3	45,2
Allemagne	39,4	52,5	60,9	62,5	64,5
France	17,7	24,5	29,7	34,9	38,7
Pays-Bas	39,7	44,1	46,7	49,2	49,5
Autriche	50,5	63,4	59,5	59,4	59,4
Slovénie	2	6	18,6	22,1	39,5
Suède	26,1	38,2	47,3	49,2	47,6
Royaume-Uni	7	11,1	26,7	40,2	45,6

Source: Eurostat.

S'agissant des ressources en eau, on peut bien entendu mesurer la consommation en eau intérieure (excessive dans bien des pays européens du Sud qui se trouvent en état chronique de stress hydrique) ou encore les importations d'eau. Mais il importe aussi de mesurer les flux d'« eau virtuelle », l'eau incorporée dans les produits agricoles ou les produits manufacturiers que les pays importent et dont le coût écologique est imposé au pays producteur (tableau).

Tableau 19. Le coût en eau de certains aliments (en moyenne mondiale)

1 bière (250 ml)	**75 litres**
1 kg de pomme de terre	**250 litres**
1 kg de pommes	**700 litres**
1 kg de poulet	**3 900 litres**
1 kg de bœuf	**15 500 litres**
1 kg de chocolat	**24 000 litres**

Source : Hoekstra et Chapagain (2008), « Water Footprint Network ».

Comme le montre un récent rapport du ministère de l'Écologie, l'« empreinte eau » des Français inclut non seulement l'eau directement consommée par les ménages *via* les robinets et arrivées d'eau de leur logement mais aussi celle qui est induite par leur consommation, soit de produits français, soit de produits étrangers. Cette empreinte eau est donc « égale à la somme de l'eau prélevée sur le territoire français et de celle prélevée à l'étranger pour la production des biens et services importés en France, volume dont est retranché celui de l'eau prélevée en France pour la production des biens et services exportés… l'empreinte eau de la France est estimée entre 1 500 et 2 000 m^3/habitant ».

Mesurer les flux cachés

Cette dernière considération nous invite à approfondir la question des « flux cachés » de matières et à revenir sur la possibilité de « découpler », c'est-à-dire de déconnecter l'accroissement du bien-être humain de la consommation de ressources naturelles et des dommages environnementaux qu'il engendre sur la planète. L'enjeu de ces indicateurs pour les politiques publiques n'est pas mince : il s'agit ni plus ni moins que des instruments qui nous permettront dans les prochaines décennies de mettre au point des systèmes économiques soutenables.

La question posée aux pays développés est la suivante : certes, ils sont souvent les plus avancés en termes de bonnes pratiques environnementales sur leur sol, mais, ce faisant, ils ne prêtent attention qu'à une partie de leur empreinte écologique, celle qui est visible et directement sous leur influence. On montre ainsi qu'à mesure que le niveau de développement économique s'élève, les pays réduisent les processus d'extraction sur leur territoire national mais sans réduire leur consommation de ressources naturelles, bien au contraire. Ils « externalisent » donc les dommages écologiques engendrés par le développement économique vers des pays qui acceptent d'en payer le coût contre rémunération (en faisant supporter ce même coût à leur population la plus pauvre).

Il nous faut donc un autre instrument de mesure que ceux utilisés jusqu'ici, un véritable indicateur de l'impact global du développement économique d'un pays. Cet indicateur n'est pas comme on le croit souvent l'« empreinte écologique » dont on a vu au chapitre précédent les importants défauts. En particulier, cet indicateur ne nous dit rien des « flux cachés » entre les pays.

Pour en mesurer l'importance, il nous faut nous tourner vers un instrument élaboré très récemment : l'« empreinte matérielle ». Celui-ci se propose de mesurer le commerce international de matières premières c'est-à-dire l'usage fait par les différents pays de la planète non seulement de produits manufacturés et agricoles mais aussi des ressources naturelles qui ont été nécessaires à leur production. Il s'avère que, pour les pays étudiés, le commerce matériel est trois fois plus important en volume que le commerce économique. Il s'avère aussi que, mesuré à l'aune de l'empreinte matérielle, le découplage entre développement économique et consommation de matières premières est un mirage : pour 10 % d'accroissement du PIB, l'empreinte matérielle augmente en moyenne de 6 %.

Les indicateurs comme la productivité matérielle ne suffisent donc pas à se prononcer sur la vertu écologique des pays : certains pays européens sont exemplaires dans l'usage de leurs ressources naturelles mais ils omettent d'y inclure celles qui ont été importées sous forme de produits manufacturiers (il faut autour de 100 kilos de CO_2 pour produire une tablette numérique) ou agricoles (il faut 50 litres d'eau pour une orange). Quand ces flux cachés sont ajoutés, l'Union européenne voit son empreinte matérielle croître aussi vite que son PIB sinon plus !

En France, ces indicateurs incluant les flux cachés se développent graduellement. On sait notamment qu'en 2010, si la consommation intérieure apparente de matières était de 12 t/habitant, la consommation réelle de matières (prenant en compte les flux cachés) était de 15 t/habitant soit 20 % supérieure. C'est tout aussi vrai pour les émissions de gaz à effet de serre, qui n'étaient que de 7,7 t eqCO_2 par habitant en 2010 mais de 11,6, soit un tiers de plus, lorsque les produits de consommation sont aussi comptabilisés. Dans ces conditions, l'apparence d'une réduction des émissions masque la réalité de leur hausse : les émissions sur le territoire national ont baissé de 10 % depuis 1990 mais les émissions liées à la consommation des Français ont augmenté de 11 % sur la même période, renversant complètement l'apparente bonne performance climatique du pays.

C'est une question majeure à considérer, comme on l'a déjà évoqué au chapitre précédent, en vue du sommet climat de Paris en décembre prochain : faut-il seulement négocier en comptabilisant les émissions territoriales ou paraît-il plus judicieux de considérer globalement les émissions d'un pays ? Le protocole de Kyoto (1997) qu'il s'agit de remplacer ne comptabilise que les émissions de production (réalisées sur un territoire donné) mais pas les émissions de consommation (les émissions issues de la production d'un pays qui se trouvent incluses dans les produits consommés par un autre pays), alors que ces dernières croissent beaucoup plus rapidement dans les pays développés (en France, depuis 1990, les émissions associées aux importations se sont accrues de 62 %). En centrant les négociations sur les émissions territoriales, on court le risque de se mettre d'accord à l'arraché sur de mauvais indicateurs qui ne parviendront pas, au final, à enrayer le changement climatique…

On le voit bien au travers de ces diverses problématiques, l'analyse des rapports entre développement humain, consommation de ressources naturelles et dommage environnemental, nous permet de faire un pas vers la notion de soutenabilité, mais un pas seulement qu'il nous faut prolonger dans les chapitres suivants en entrant véritablement dans la dynamique longue des sociétés humaines.

CHAPITRE 11

Peindre la vie en vert (la performance environnementale)

Excellence environnementale ! L'ambition affichée dès 2012 par le gouvernement lors de la première « conférence environnementale », et réitérée à la fin de 2014, est-elle crédible ? Dispose-t-on des indicateurs permettant d'évaluer les performances environnementales des sociétés humaines ou des nations ? Peut-on en mesurer les progrès ? Pas seulement les décisions et les actes, mais aussi leurs effets, tant sur l'environnement naturel lui-même que sur les incidences environnementales en matière de bien-être, la santé humaine, par exemple ?

De très nombreux indicateurs alternatifs au PIB ont été construits au cours des deux dernières décennies pour tenter d'évaluer ce que l'on pourrait appeler le « progrès véritable », en termes de bien-être, par opposition au seul progrès du niveau de vie économique. L'ambition de ces mesures est d'estimer, à l'aide d'une métrique généralement autre que les unités monétaires retenues dans les comptabilités nationales, les évolutions du niveau de bien-être des populations des différents pays et d'évaluer ainsi la qualité des politiques publiques menées, leur capacité à améliorer le bien-être des citoyens. La finalité de ces mesures est également de comparer les performances des différents pays selon un critère autre que celui du PIB ou de la croissance économique. En ce sens, elles rejoignent et prolongent les tentatives faites par le Programme des Nations unies pour le développement qui, avec l'indicateur de développement humain (IDH), évoqué plus haut, a montré la voie.

Les indicateurs présentés dans ce chapitre ont tous en commun d'être statiques : ils proposent un instantané de la situation selon certaines dimensions, avec une certaine focale ; dans le meilleur des cas, ils permettent de mesurer les évolutions passées, mais en aucun cas n'adoptent la démarche prospective indispensable à l'analyse de la soutenabilité, qui sera développée dans les deux chapitres suivants. De plus, ils s'inscrivent dans ce que l'on pourrait appeler une « logique éclectique de la conciliation » : éclectique, en ce qu'ils ne se réclament pas d'une discipline scientifique ou d'une théorie spécifique ; conciliation, parce que leur objectif est d'évaluer le degré de conciliation atteint par les différents pays entre des objectifs de bien-être des populations et des objectifs de préservation de l'environnement naturel.

L'indicateur de performance environnementale (EPI) : la France est 27e !

Des chercheurs des universités américaines Columbia et Yale ont, depuis quelques années, mis en commun leurs efforts pour proposer un indicateur global de la performance environnementale (IPE, ou *EPI*, en anglais) des nations, qui permet des évaluations des progrès ou des reculs dans le temps, des comparaisons internationales sur une base harmonisée. Il s'agit d'un indicateur synthétique dit composite – il combine une batterie d'indicateurs de différentes natures et utilise des pondérations pour la construction de l'indicateur global. Deux catégories de données sont synthétisées dans l'EPI : 6 indicateurs de santé environnementale (mortalité infantile, qualité de l'air dans les habitations, concentration de particules fines dans l'atmosphère, accès à l'eau potable et aux sanitaires), qui mesurent l'impact de la qualité de l'environnement sur les conditions de vie ; et 12 indicateurs de qualité de l'environnement, regroupés en deux grands domaines – la vitalité des écosystèmes (traitement des eaux usées, subventions agricoles et utilisation de pesticides, couvert forestier, pêcheries, biodiversité et habitats naturels), et les facteurs ayant une incidence sur le changement climatique (tendance des émissions des GES et de l'intensité carbone de la production).

L'avantage manifeste de cet indicateur tient à sa conception large et inclusive de la qualité environnementale : la performance environnementale est définie à la fois par certaines dimensions de l'impact de l'environnement sur la santé des populations et par des mesures d'impact des activités humaines sur l'environnement. La méthode retenue pour évaluer la performance dans chacune des dimensions sélectionnées est celle dite de la « distance à la cible » : les valeurs de référence (« cibles ») choisies sont soit, lorsqu'elles existent, les valeurs-objectifs assignées par les organisations internationales, soit les valeurs observées dans le pays présentant la meilleure performance sur cette variable ; les scores sont alors évalués en mesurant la proximité de la variable du pays considéré par rapport à la « cible », et en normant ces distances pour que le score soit compris entre 0 et 100. L'agrégation est ensuite opérée en faisant la moyenne arithmétique des scores obtenus par chaque pays sur les 18 indicateurs élémentaires.

Les résultats de la plus récente édition (2014) de cet « indice de performance environnementale » sont éloquents (graphiques 12 et 13) : entre le pays le mieux classé (la Suisse) et le moins bien classé (la Somalie), l'écart est considérable – près de 90 pour le premier, à peine plus de 15 pour le dernier. Le classement des pays développés réserve des surprises : la France y figure à la 27e place, très loin derrière l'Allemagne (6e) et l'Espagne (7e), et juste derrière le Japon… Ce classement assez décevant s'explique notamment par la faible qualité de l'air, l'état préoccupant des ressources halieutiques, les atteintes à la biodiversité et l'impact écologique de l'agriculture. En revanche, les atteintes sanitaires résultant de ces dégradations environnementales sont, selon les données de l'EPI, contenues. La position française peut donc être interprétée comme un équilibre entre des dégradations environnementales fortes et un système de santé performant, ce qui, à terme n'est soutenable, ni sur le plan écologique ni sur le plan des finances publiques…

Graphique 12. Le classement des pays selon l'EPI, 2014, les 30 premiers

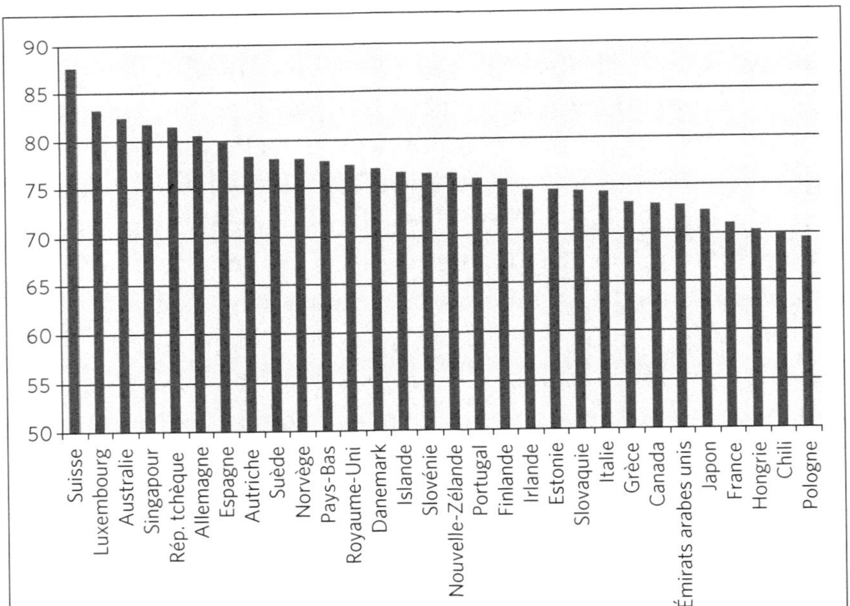

Graphique 13. Le classement des pays selon l'EPI, 2014, les 30 derniers

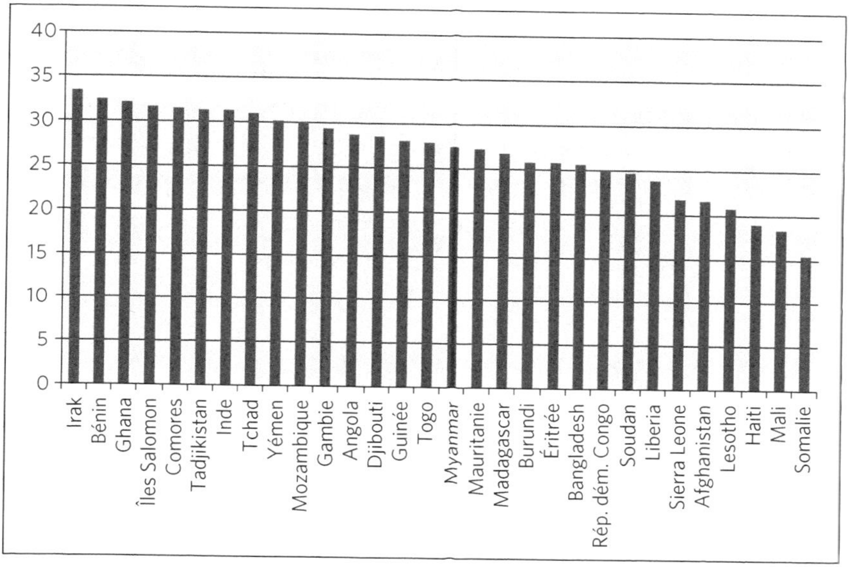

Source: EPI (Yale et Columbia), 2014.

Évidemment, de telles mesures et les classements qui en résultent sont fragiles : la sélection des critères élémentaires inclus dans le calcul de l'indicateur est arbitraire, et celle des pondérations – postulées toutes égales – l'est aussi ; l'inclusion, ou au contraire l'exclusion de telle ou telle dimension du bien-être ou de la qualité de l'environnement seraient susceptibles de modifier le classement de pays dont les scores sont assez voisins, ce que produirait également un changement de pondération. Or le choix de certaines des variables élémentaires entrant dans le calcul de l'EPI est très discutable : pourquoi, par exemple, inclure les subventions agricoles dans la liste des variables censées mesurer la vitalité des écosystèmes ?

Autre interrogation, le lien avec le niveau de développement. Dans le peloton de tête, figurent uniquement des pays riches, et dans le peloton de queue, les pays les plus pauvres : est-ce à dire que les premiers sont tous sur des sentiers soutenables, les seconds tous insoutenables ? En fait, cet indicateur nous renseigne surtout sur les conditions de vie des habitants, en pointant des dimensions sanitaires que ne prennent pas en compte les indicateurs usuels que sont le PIB, ou même le IDH. Mais l'EPI repose sur des mesures partielles des écosystèmes et n'inclut aucune variable capturant l'exploitation des ressources naturelles, ce qui explique le bon classement de l'Australie ou des Émirats arabes unis, par exemple. L'indicateur n'est, à l'évidence, pas robuste, mais ce manque de robustesse n'obère pas l'intérêt de cette mesure.

Mesurer la crise de la mer

Également éclectique dans ses fondements analytiques, l'indice de santé des océans (*OHI*, *Ocean Health Index*), qui couvre l'ensemble des zones d'intérêt économique exclusif (ZIEE, zones côtières) des 151 États ayant une façade maritime, a pour ambition de proposer une mesure synthétique de la qualité des services rendus par les océans, selon dix dimensions (la production alimentaire, dans laquelle on distingue la pêche et l'aquaculture, les possibilités offertes à la pêche artisanale, les produits naturels, la capacité de capture du CO_2, la protection du littoral, les possibilités offertes au tourisme et activités récréatives, les capacités économiques côtières, les sites et espèces remarquables, la qualité des eaux, la biodiversité, distinguant les habitats et les espèces). Le principe de construction de l'OHI est le suivant : pour chacune des 221 ZIEE étudiées, un score, qui résume l'état actuel et les perspectives d'évolution par rapport à un maximum pour chaque dimension, est attribué à chacune des dix dimensions ; l'indice global est alors calculé comme la moyenne, pondérée par les surfaces des ZIEE, du score moyen obtenu par chaque zone.

Comme l'EPI, l'indice de santé des océans est établi sur la base d'une liste quelque peu arbitraire des dimensions pertinentes de la « qualité » des côtes, mais avec le souci de prendre en compte les effets sur le bien-être humain ; de même, la métrique adoptée est un hybride de statique et de dynamique dont l'interprétation est malaisée. En outre et surtout, l'OHI ne couvre qu'un champ limité, ignorant la vaste étendue des océans, dont on soupçonne pourtant, par ailleurs, que les atteintes qu'ils subissent sont massives et menacent gravement la biodiversité et les services écosystémiques[1].

Le progrès véritable

Un autre indicateur synthétique composite qui vise à concilier, dans la méthode d'évaluation, des dimensions de bien-être humain et des mesures de qualité environnementale mérite l'attention : l'indice de progrès véritable (en anglais *Genuine Progress Index*, *GPI*)[2], qui a des ambitions plus étendues quant au nombre de dimensions prises en compte.

Le GPI inclut une mesure usuelle du bien-être économique (les dépenses de consommation, plutôt que le PIB par tête), mais également un indicateur d'inégalités interpersonnelles de consommation, une évaluation de la production domestique, un indicateur d'investissement dans le capital humain (dépenses d'enseignement supérieur), des évaluations des services du volontariat, des services rendus par les biens durables (automobiles, équipements ménagers, etc.), des services rendus par la voirie, et une évaluation de l'investissement net en capital. De ce total, évalué en unités monétaires, les auteurs déduisent un certain nombre de coûts, également convertis en unités monétaires : ceux induits par la criminalité, par

1. Nos connaissances des grands fonds sont encore très parcellaires. Si nul n'ignore, aujourd'hui, le fameux « sixième continent », immense conglomérat de déchets plastiques flottant sur l'océan Pacifique, des travaux récents suggèrent qu'une quantité plus grande encore de déchets plastiques s'accumule vraisemblablement au fond des océans, et s'introduit dans la chaîne alimentaire.
2. Le *GPI* est présenté et discuté par ses auteurs dans Robert Costanza *et al.*, « Ecological economics as a framework for sustainability », Australian National University, 2013, http://cemusstudent.se/wp-content/uploads/2013/11/Costanza-Upsalla-Univ.-11.2013.pdf

le chômage et le sous-emploi, par l'acquisition des biens durables, par les trajets domicile-travail, par les accidents de la circulation, les dépenses encourues par les ménages pour lutter contre la pollution ; enfin différents coûts de pollution (de l'eau, de l'air, pollution sonore, des émissions de GES, d'attrition de la couche d'ozone atmosphérique) et de pertes de ressources naturelles (zones humides, forêts primaires, ressources non renouvelables, terres agricoles), et la variation de la position extérieure nette du pays (ses emprunts au reste du monde).

L'image que donne le *GPI* des progrès accomplis par les pays développés depuis quelques décennies est frappante, et concorde avec les indications que fournissent bon nombre d'enquêtes sur l'évaluation subjective du bien-être. On peut illustrer ce constat à l'aide de l'exemple américain : alors que de 1950 au début des années 1970, le *GPI* et le PIB par tête progressaient presque parallèlement, une inflexion s'est produite dans l'évolution du *GPI* au cours de cette décennie ; et tandis que le PIB par tête a poursuivi sa croissance sur une tendance pratiquement inchangée, le *GPI* n'a fait que stagner, voire légèrement décroître depuis le début des années 1980. Les dates des inflexions ne sont pas exactement les mêmes dans tous les autres pays évalués, mais les profils du *GPI* des pays développés sont, pour la plupart, comparables : il semble que les années 1970-1980 aient été marquées, partout, par un changement de nature des économies des pays les plus riches ; depuis lors, le « progrès véritable » semble à l'arrêt.

À la différence de l'EPI, la méthode retenue pour évaluer les différentes composantes est donc la conversion en monnaie, en utilisant des estimations très disparates des bénéfices ou des coûts des aménités ou des nuisances non marchandes. L'avantage évident de cette méthode est de permettre une comparaison immédiate avec l'indicateur habituel de performance économique qu'est le PIB (par tête), également exprimé en unités monétaires. L'inconvénient est non moins évident : les évaluations monétaires des composantes sont, pour la plupart, mal fondées, donc fragiles.

Verdir ou élargir la focale ?

Choisis parmi une offre pléthorique et en croissance rapide, les quelques indicateurs de performance environnementale retenus dans ce chapitre permettent d'illustrer les forces et les faiblesses des démarches de mesure « au-delà du PIB », qui ont pour objectif de prendre en compte, directement ou indirectement, les conséquences sur le bien-être humain des atteintes à l'environnement naturel. Leur intérêt principal tient au « verdissement » opéré sur l'instrument de mesure ou à l'élargissement de la focale utilisée : ces indicateurs offrent ainsi une évaluation à certains égards plus convaincante du bien-être et de ses évolutions. Mais faute d'un cadre analytique cohérent des interactions entre les activités humaines et l'environnement naturel, d'une part, entre les modifications de cet environnement et les déterminants du bien-être, de l'autre, ils se cantonnent au constat, statique, sur les conséquences, dont ils ne fournissent qu'une image partielle. De ce fait, ils ne renseignent en rien sur la soutenabilité. Il nous faut donc poursuivre notre chemin…

CHAPITRE 12

Scruter l'avenir (les instruments de la soutenabilité)

C'est un rapport des Nations unies, publié en 1987 sous la direction de Gro Harlem Brundtland[1], alors Premier ministre de Norvège, qui a posé les bases et formulé, pour la première fois, une définition générale de la soutenabilité, en introduisant ce que l'on a appelé, en France, le développement durable. Nous nous référons, de préférence, à la notion de soutenabilité – un anglicisme –, moins galvaudée et plus précise : elle traduit mieux, selon nous, la dimension dynamique des caractéristiques nécessaires à la perpétuation du processus de développement. Le rapport, préparatoire du Sommet de la Terre (Rio, 1992), met en exergue la notion de capacité limitée de l'environnement naturel à répondre aux « besoins » présents et futurs des humains. L'objectif n'est donc pas tant de « sauver la planète » que de ne pas compromettre la possibilité pour le plus grand nombre d'humains de continuer d'y vivre et d'y prospérer.

Mais comment rendre cette déclaration de principe opérationnelle, dans un monde où les besoins essentiels d'une bonne

---

1. *Our Common Future*, en français *Notre avenir à tous*, rapport de la Commission mondiale sur l'environnement et le développement des Nations unies, disponible en français http://www.diplomatie.gouv.fr/fr/sites/odyssee-developpement-durable/files/5/rapport_brundtland.pdf

partie de l'humanité sont loin d'être couverts, et où une fraction non moins importante ne s'est hissée que récemment au-dessus de la simple subsistance et aspire aujourd'hui à un niveau de vie et un mode de consommation comparables aux nôtres ? Faut-il renoncer à améliorer les conditions de vie des générations présentes pour permettre aux générations futures de satisfaire leurs besoins ?

Nous avons, dans les trois précédents chapitres, identifié les domaines dans lesquels les dommages que nous causons à notre environnement naturel atteignent aujourd'hui des seuils critiques, évalué les prélèvements et les rejets de matières qu'engendrent les activités humaines, examiné des indicateurs qui proposent des mesures synthétiques de la performance environnementale des nations. Le tableau de bord de ce sombre constat est très détaillé ; il y a pléthore d'informations et presque tous les voyants clignotent. Mais comment agir ? Comment concevoir un cadre global permettant de penser et d'évaluer la soutenabilité ? Peut-on élaborer une mesure unique, véritablement dynamique, qui soit l'équivalent pour l'évaluation de la soutenabilité globale, donc pour le pilotage de nos sociétés, de ce qu'a été, au cours des dernières décennies, le PIB ?

Nous procédons pour ce faire en deux temps : dans ce chapitre, nous présentons la boîte à outils de la soutenabilité – les grands concepts qui permettent de penser le développement humain en dynamique. Dans le chapitre suivant, nous nous intéressons aux indicateurs qui ont été conçus à partir de cette boîte à outils. Disons-le d'emblée au risque de décevoir le lecteur qui nous a suivis jusqu'ici : il n'existe aujourd'hui aucun indicateur de soutenabilité satisfaisant du point de vue scientifique et éthique. Raison de plus pour bien comprendre les instruments à notre disposition pour tenter d'en construire un !

Capital total et richesse véritable

Construire une mesure de la soutenabilité globale sous la forme d'un indicateur unique suppose que l'on définisse précisément ce qui permet aux générations présentes et futures de subvenir à leurs besoins, ou, dans une optique plus large, d'assouvir leur aspiration au bien-être. L'économiste américain Robert Solow, déjà célèbre pour avoir conçu, dans les années 1950, un cadre analytique simple et général de la croissance économique, a proposé dans les années 1990 de le généraliser. De même que les économistes ont l'habitude de penser la fourniture de biens et services comme nécessitant l'utilisation, dans le processus de production, d'un stock de capital productif – des outils, des machines, des bâtiments, etc. – et de capital humain – les différentes personnes qui participent à la production, avec leurs qualifications –, la fourniture des autres composantes du bien-être peut être comprise comme le résultat de la mobilisation de stocks de capitaux de nature différente : le capital naturel, qui fournit aux humains les ressources naturelles, l'environnement et tous les bénéfices qu'il recèle ; et le capital social, constitué des institutions, des modes d'organisation sociale, de toutes les habitudes, traditions, pratiques culturelles qui régissent la vie en société et les rapports des individus entre eux au sein de ces sociétés humaines.

La somme de toutes ces composantes – le capital productif produit par l'homme, le capital humain, le capital naturel et le capital social – constitue la « véritable richesse des nations » : c'est cet ensemble de capitaux qui, combinés en mobilisant les techniques et les savoirs disponibles, assure aux générations présentes la couverture de leurs besoins et leur fournit le bien-être dont elles jouissent (tableau 20).

Tableau 20. Le capital au XXIe siècle

Type de capital	Composantes
Capital manufacturé	Infrastructures (routes, ponts, etc.), usines, machines
Capital humain	Population, santé, éducation
Capital social	Institutions et confiance
Capital de connaissances	Connaissances scientifiques et techniques
Capital naturel	Biodiversité, écosystèmes, climat

Source : inspiré de William Clark (Harvard University).

C'est donc aussi cet ensemble de « moyens de bien-être », ces stocks de capital, qu'il convient de préserver, voire d'accroître, et de léguer aux générations futures pour qu'elles puissent, à leur tour, satisfaire leurs besoins et jouir d'un bien-être au moins égal au nôtre : c'est en somme le patrimoine de l'humanité.

Dans son principe, cette démarche est séduisante, parce qu'elle nous maintient en terrain familier et procède par généralisation des catégories auxquelles nous sommes habitués[1]. Elle focalise, en outre, sur la dimension intrinsèquement dynamique de la soutenabilité : le capital, ou le patrimoine, peut être accumulé ou, inversement, consommé ou détruit. Mais elle soulève des objections de principe – peut-on tout quantifier ? – et des difficultés redoutables de mise en œuvre. Peut-on mesurer ces différentes composantes de la richesse véritable à l'échelle des nations ? Pour la plupart de ses composantes, cela semble possible et peut-être même souhaitable puisque les politiques sont conduites à ce niveau ; mais pour certaines – capital

1. Depuis les débuts de l'analyse économique moderne, avec les classiques anglais, on a toujours procédé ainsi dans l'analyse de la production : d'abord conçue comme la combinaison de capital naturel – les terres agricoles –, de capital productif produit et de services du travail, elle a ensuite été représentée par la combinaison de capital productif, de capital humain, puis, dans les analyses modernes de la croissance économique, de capital « savoirs et techniques ». Ajouter à cette liste le capital naturel au sens large et le capital social est donc un prolongement logique.

naturel, savoirs –, c'est certainement plus discutable. Comment les évaluer ? Pour quelques composantes, les évaluations monétaires, à l'aide des prix observés sur les marchés, semblent appropriées ; mais, pour d'autres, est-ce possible ou même désirable ? Comment évaluer les besoins des générations futures, sinon sur la base de ce que nous savons des nôtres ; mais peut-on les comparer directement à ceux des générations présentes ? Et enfin, peut-on simplement faire la somme de tous ces stocks de capital, et considérer que seule importe la valeur totale de la richesse transmise aux générations futures, et pas sa composition ?

Prix, signaux et mesures

Dans nos économies de marché, le prix d'un bien remplit en principe une double fonction : il agit comme un signal envoyé aux producteurs et aux consommateurs, qu'il renseigne sur la rareté relative du bien ; et il permet l'évaluation des biens lorsque l'on cherche à faire des comparaisons ou des additions de biens disparates. Lorsque les biens sont échangés sur des marchés raisonnablement bien organisés et concurrentiels, comme c'est le cas pour une grande majorité d'entre eux dans les pays développés en tout cas, ce prix émerge de la confrontation de l'offre et de la demande et reflète donc à la fois le coût de production et l'intensité du « besoin » ou, plus souvent, du désir du consommateur, donc la « valeur », subjective, qu'il attache à ce bien, puisqu'il est disposé à payer ce prix.

C'est sur la base de cette hypothèse que le prix reflète effectivement la « valeur » et que les comptables nationaux recourent aux prix des biens pour les valoriser lorsqu'ils calculent le PIB par exemple : si la production nationale de l'année a consisté en 1 000 tonnes de blé vendu 1 euro/tonne sur le marché, et 10 voitures, vendues 5 000 euros chacune, alors le PIB sera tout simplement égal à 1 000 × 1 + 10 × 5 000 = 51 000 euros. Lorsqu'il s'agit de services non marchands, il n'y a pas de prix de marché, bien sûr. Mais ils sont alors évalués, conventionnellement, au coût de production : si les services de sécurité publique qu'assure la police nécessitent, pour être produits et mis à la disposition de la population, 10 agents de police payés 24 000 euros par an, et des équipements coûtant 60 000 euros par an, alors les services de sécurité sont comptabilisés dans le PIB pour une valeur de 24 000 × 10 + 60 000 = 300 000 euros. La comptabilité nationale standard est donc, en principe, une comptabilité des valeurs – que l'on suppose refléter les satisfactions des consommateurs – et des coûts.

Mais, ce faisant, elle ignore toutes les activités, toutes les consommations, toutes les satisfactions qui ne sont pas marchandes ou qui ne sont pas produites à l'aide de quelque chose de marchand (travail rémunéré ou biens et services acquis sur le marché). Et elle postule que les prix de marché reflètent effectivement et parfaitement les raretés et les « vrais » coûts.

Or on sait maintenant, à la suite des travaux précurseurs de l'économiste britannique Arthur Pigou[1], que, dans de nombreuses circonstances, les prix de marché ne reflètent pas l'intégralité des coûts. C'est notamment le cas en présence de ce que l'on appelle des effets externes ou « externalités » : toutes les situations dans lesquelles les choix et les actions d'un individu ou d'une entreprise ont des conséquences induites sur le bien-être ou sur les coûts d'un autre individu ou d'une autre entreprise, conséquences qui ne sont pas prises en considération par celui qui les occasionne et qui ne reçoivent pas de prix sur le marché. L'exemple classique d'une telle situation d'externalité est, justement, celui de la pollution : lorsque vous utilisez votre voiture, vous tenez en compte dans votre choix que des coûts directs que vous supportez – le carburant, le coût de l'entretien du véhicule, la dépréciation –, mais pas des dommages infligés à votre voisinage immédiat par les émissions de

1. L'ouvrage pionnier d'Arthur Pigou sur ces questions est *The Economics of Welfare*, publié en 1920.

microparticules nocives pour la santé, ni de ceux infligés à toute l'humanité, présente et future, par vos émissions de gaz à effet de serre.

Parce que ces effets externes – des nuisances, dans l'exemple ci-dessus, mais qui peuvent aussi être des effets bénéfiques pour les tiers dans certains cas – n'ont pas de prix, ils ne sont pas pris en compte par les individus ou les entreprises dans les calculs coûts-avantages qui guident leurs décisions. Leur existence entraîne donc une « inefficacité sociale », une « défaillance de marché » : l'équilibre atteint est sans doute optimal du point de vue des décideurs individuels, mais ne l'est pas du point de vue de la collectivité tout entière.

La nature n'a pas de prix… mais son usage doit avoir un coût

Comment faire en sorte que ces « externalités négatives », ces nuisances, soient éliminées, ou en tout cas limitées, et qu'elles soient effectivement prises en compte dans les indicateurs qui mesurent le bien-être et la soutenabilité ? Dans certains cas, il est possible d'interdire purement et simplement l'activité qui engendre la nuisance : on interdit bien le tapage nocturne ; on a de même interdit l'amiante dans un certain nombre de pays développés ; les gaz fluorés contenus dans les aérosols et les systèmes de réfrigération nocifs pour la couche d'ozone atmosphérique ont été bannis par le protocole de Montréal en 1987 et ont aujourd'hui presque disparu. Mais d'une part les produits que l'on a substitués aux substances interdites ne sont pas toujours inoffensifs ; d'autre part, beaucoup de choses ne peuvent tout simplement pas être interdites : on peut sans doute, comme l'a décidé l'Allemagne il y a quelques années, choisir de se priver de la génération nucléaire pour la production d'électricité, mais à condition de s'en donner le temps et les moyens ; on ne peut pas bannir les émissions de CO_2, dont une part est inhérente au métabolisme des organismes vivants, et dont l'essentiel provient de nos consommations d'énergie.

Mais on peut les limiter, et il faut pour cela que les émetteurs y soient incités : il faut que les atteintes à l'environnement fassent supporter à ceux qui en sont les auteurs, un coût économique, afin de les inciter à « économiser » la nature. C'est le principe « pollueur-payeur » ; mais c'est aussi la condition pour que les nuisances ou les activités qui sont à leur origine puissent être intégrées dans les indicateurs de bien-être et de soutenabilité.

Deux méthodes alternatives permettent, en principe, de faire supporter au décideur – producteur ou consommateur – le coût « total » de ses activités, y compris les dommages causés à des tiers ou à l'environnement naturel : la taxe ou la vente de « permis » ; leur résultat est parfaitement équivalent quant à l'inclusion du coût de la nuisance dans le calcul économique des décideurs et quant à l'évaluation. La différence tient aux outils de l'intervention publique dans le mécanisme de prix : alors que la taxe oblige les autorités à en fixer le montant – l'assiette et le taux, en pratique –, le système de « permis » exige qu'elles déterminent la quantité totale autorisée, la détermination du prix étant alors laissée au marché, par confrontation entre cette offre totale, fixée par elles, et la demande émanant des agents privés à l'origine de la nuisance. Dans un cas comme dans l'autre, il est nécessaire de mesurer les quantités émises.

À quel niveau fixer ce prix ? En théorie, la réponse est simple : le prix doit être tel que le dommage causé soit tout juste compensé par le coût que supporte celui qui l'inflige. Mais, en pratique, nous n'avons, la plupart du temps, pas d'indications précises sur le coût du dommage à l'environnement, que l'on ne peut donc approcher que de manière indirecte.

Lorsqu'il s'agit d'une atteinte à l'intégrité d'un écosystème bien identifié et clairement localisé, il est possible d'en avoir une estimation monétaire : les projets évoqués au chapitre 9 peuvent déboucher sur de telles estimations. La démarche commune à ces différentes tentatives consiste à additionner les services purement économiques – « productifs », tels que la pollinisation des arbres fruitiers –, des écosystèmes, les autres services rendus en termes de bien-être – aménités et services récréatifs – et une « valeur intrinsèque » estimée. Pour les écosystèmes locaux, ces valeurs peuvent être approchées par différentes méthodes : en comparant les prix de biens immobiliers aux caractéristiques semblables, mais situés à des distances différentes de l'écosystème considéré (méthode dite des « évaluations contingentes »), ou encore en interrogeant les riverains sur leur « disposition à payer » pour la préservation de l'écosystème considéré.

Des prix « fantômes »

Mais ces méthodes ne peuvent être mobilisées que dans les cas de systèmes locaux bien identifiés, et elles risquent souvent d'aboutir à une estimation basse, car elles ne tiennent compte que des bénéficiaires directs des services écosystémiques. En outre, il est aussi des cas dans lesquels l'évaluation des quantités de nuisances n'est techniquement pas faisable, ou dans lesquels l'atteinte concerne l'environnement global, comme dans l'exemple du changement climatique. Enfin, dans les cas où des prix de marché existent, ils peuvent ne pas constituer des mesures très pertinentes ou très fiables de la « vraie valeur », en raison de leur volatilité ou de la myopie des intervenants sur ces marchés : ainsi, quel prix retenir, dans une évaluation de la soutenabilité dont l'horizon est le long terme (au moins quelques décennies) pour les ressources pétrolières, alors que l'on observe de brusques variations des prix de marché, passés par exemple de plus de 100 dollars le baril en juin 2014 à moins de 50 dollars en janvier 2015 ?

Si l'on dispose au moins d'une analyse de l'impact physique de la pollution considérée sur la dimension de l'environnement naturel à laquelle on s'intéresse – par exemple le climat –, on peut calculer le prix qu'il serait nécessaire d'imposer pour que la nuisance demeure contenue à un niveau inférieur au seuil que l'on a choisi de se fixer : le prix « fantôme » (en anglais *shadow price*) ainsi déterminé permet une évaluation monétaire et donne une indication sur l'ordre de grandeur qu'il convient de choisir lorsque l'on peut imposer un tel prix.

L'incertitude demeure toutefois importante, la plupart du temps, comme l'illustre l'exemple du prix du carbone : la plupart des pays n'en imposent aucun ; les pays de l'UE ont instauré un « marché du carbone[1] », sur lequel le prix de la tonne de carbone émise est aujourd'hui voisin de 5 euros ; tandis que certains pays, comme la Suède, ont institué, depuis longtemps, une taxe carbone, dont le montant est aujourd'hui d'environ 130 euros par tonne. Autre défi de taille : l'analyse dynamique suppose de valoriser le temps…

Le prix du temps

En effet, si les politiques publiques, comme les choix privés, se font sur la base d'un calcul coûts-bénéfices, le contexte de la soutenabilité est comparable à celui des décisions d'investissements : elles ont une dimension temporelle. On ne peut donc se contenter de comparer simplement les coûts supportés aujourd'hui avec les bénéfices futurs, d'autant que ceux-ci sont hypothétiques et susceptibles de profiter à des générations qui ne sont pas encore nées, donc pas parties prenantes à la décision.

Dès lors que l'analyse coûts-bénéfices a une dimension temporelle, on ne peut comparer directement les sommes qui surviennent à des dates différentes, en raison de ce que les économistes appellent

1. Sur le marché européen du carbone et ses dysfonctionnements, voir Éloi Laurent et Jacques Le Cacheux, « Une Union sans cesse moins carbonée ? Vers une meilleure fiscalité européenne contre le changement climatique », *Note de Notre Europe*, Institut Jacques Delors, 2009, http://www.institutdelors.eu/media/etud74-laurent-lecacheux-fr.pdf?pdf=ok

la « dépréciation du futur » : les sommes placées aujourd'hui rapportent un intérêt ; les individus ont également une « préférence pour le présent », qui leur fait préférer une somme aujourd'hui à la promesse de la même somme dans le futur. Il convient donc de convertir les sommes futures en leur montant équivalent actuel : cette opération est une actualisation, qui n'est autre que le calcul familier des intérêts composés, mais à l'envers, comme l'illustre le tableau 21. Le taux d'actualisation est donc le prix du temps. Selon la valeur choisie pour le taux d'actualisation, la valeur actuelle d'une somme donnée dans le futur peut, comme on le voit, être très différente !

Tableau 21. Valeurs présentes selon le taux d'actualisation

Somme dans 50 ans	Taux d'actualisation	Valeur actuelle
1 000 000	6 %	54 288
1 000 000	4 %	140 713
1 000 000	2 %	371 528
1 000 000	1 %	608 039
1 000 000	0,1 %	951 253
1 000 000	0 %	1 000 000

Lorsque ce calcul concerne des décisions privées, d'investissement par exemple, il est usuel de choisir une valeur du taux d'actualisation proche du taux d'intérêt observé sur le marché, dans la mesure où l'alternative à une telle décision est la possibilité de placer la somme dont on dispose à ce taux. Mais comment choisir le taux d'actualisation applicable à des décisions publiques, comme les politiques environnementales, et aux évaluations de phénomènes dont les conséquences sont, par nature, souvent très lointaines dans l'avenir et entachées, dans tous les cas, d'une incertitude qui tient avant tout aux limites de notre savoir ? C'est un choix politique, dont on peut éclairer les déterminants et les enjeux en s'appuyant sur la décomposition du taux d'actualisation social proposée par l'économiste Frank Ramsey dans les années 1920 :

$$R = p + e^{*}g$$

Ce taux est la somme de deux éléments : *p*, qui mesure la préférence pure pour le présent de la société considérée, et le produit de deux termes, *e*, qui représente l'aversion à l'inégalité, et *g*, le taux de croissance économique anticipé dans le futur. Cette décomposition explicite les enjeux éthiques de l'actualisation : bien sûr, les générations futures seront plus riches que nous, si la croissance économique se poursuit, comme cela a été le cas au cours des siècles passés ; mais les dommages qu'elles subiront du fait de nos actes doivent aussi être mis en balance avec les coûts des mesures que nous pouvons prendre pour éviter ces dommages[1]. Selon les valeurs retenues pour ses trois composantes, le taux d'actualisation social appliqué à la question du changement climatique varie de 1,4 à 6 % dans l'échantillon d'études recensées dans le tableau 22.

Le poids que nous accordons au bien-être des générations futures dans nos décisions présentes s'en trouve considérablement changé : conformément aux résultats du tableau 21, l'écart entre ces deux taux d'actualisation (1,4 et 6 %) correspond à une différence de 1 à 10 dans l'évaluation des gains ou des pertes !

Le danger de cet instrument qu'est l'actualisation est évident : dès lors que l'on s'intéresse à des coûts survenant à des dates suffisamment éloignées dans le temps, choisir une valeur positive, même très faible, du taux d'actualisation conduit à minimiser les coûts supportés par les générations futures, au regard des éventuels bénéfices que les projets analysés sont susceptibles de procurer

1. L'évaluation proposée par Nicholas Stern des coûts et des bénéfices des politiques de lutte contre le réchauffement climatique constitue la première illustration globale d'utilisation de cette méthode. Nicholas Stern, *Stern Review, The Economics of Climate Change. The Stern Review*, Cambridge University Press, 2007.

aux générations présentes – comme l'illustrent les exemples d'un certain nombre de projets d'aménagement en France, qu'il s'agisse du projet d'aéroport Notre-Dame-des-Landes ou du premier projet de barrage de Sivens – et, à l'inverse, de faire apparaître le coût des sacrifices supportés par les générations présentes, énormes par rapport aux bénéfices qu'ils procureront aux générations futures. Le tableau 21 illustre ce danger. Mais nous ne sommes pas au bout de nos peines, car l'analyse de la soutenabilité s'opère en univers incertain…

Tableau 22. Différents choix du taux d'actualisation sociale

	Préférence pure pour le présent	Aversion à l'inégalité	Taux de croissance économique anticipé	Taux d'actualisation social
Cline (1992)	0 %	1,5	1 %	1,5 %
GIEC (1996)	0 %	1,5 - 2	1 % - 8 %	2,4 % - 16 %
Arrow (1999)	0 %	2	2 %	4 %
HM Treasury Green Book (2003)	1,5 %	1	2 %	3,5 %
France : Rapport Lebègue (2005)	0 %	2	2 %	4 %
Stern (2007)	0,1 %	1	1,3 %	1,4 %
Weitzman (2007)	2 %	2	2 %	6 %
Nordhaus (2008)	1 %	2	2 %	5 %

Source : GIEC, 2014.

La controverse suscitée par le Rapport Stern (publié en 2007) qui tentait d'évaluer les coûts et bénéfices des politiques climatiques a eu le mérite de montrer que le choix du taux d'actualisation social était déterminant dans l'évaluation. Elle a aussi permis de mettre en pleine lumière cette question de l'incertitude. L'économiste américain Martin Weitzman[1] a ainsi montré que si le changement climatique augmentait la probabilité d'événements climatiques aux effets catastrophiques, alors il convenait de retenir une valeur très basse, voire nulle, de la préférence pour le présent : c'est, en quelque sorte, une application opérationnelle du principe de précaution. Lorsque l'incertitude est grande – ce qui est le cas dans la plupart des contextes de l'évaluation de la soutenabilité –, la prudence est de mise et le taux d'actualisation doit être très faible.

À la recherche de nos « actifs manquants »...

Une double certitude émerge des chapitres précédents : le bien-être des individus aujourd'hui et demain dépend de beaucoup d'autres dimensions que celles qui sont comptabilisées dans le PIB ; et ce dernier est produit en mobilisant des ressources dont les coûts ne sont pas pris en compte du tout, ou pas complètement. L'intuition qui fonde l'analyse dynamique de la soutenabilité est donc qu'il existe des « actifs manquants », des ingrédients essentiels au bien-être humain qui ne sont pas inclus dans la mesure usuelle du capital et qu'il convient de valoriser convenablement.

La construction d'indicateurs de soutenabilité véritablement dynamiques repose donc sur une approche patrimoniale et s'apparente à la démarche d'une organisation cherchant à évaluer ses actifs productifs – sa « base productive » (voir figure 2) – pour établir son bilan :

1. Martin Weitzman, « A review of the Stern Review on the Economics of Climate Change », *Journal of Economic Literature*, 2007, 45 (3), p. 703-724.

recenser les éléments qui constituent les actifs et ceux qui viennent en déduction ; les valoriser, en utilisant les prix de marché lorsqu'ils paraissent fiables, mais en recourant à des prix « imputés » dans tous les autres cas, notamment pour valoriser les coûts futurs anticipés.

Tout indique que notre « hors-bilan » – tout ce qui n'apparaît pas dans le bilan établi selon les normes comptables usuelles – est probablement plus important que ce que l'on comptabilise habituellement ; mais les méthodes nécessaires à son évaluation n'en sont qu'à leurs balbutiements. Et valoriser toutes ces composantes à l'aide d'unités monétaires est bien trop réducteur.

Figure 2. Du capital au bien-être

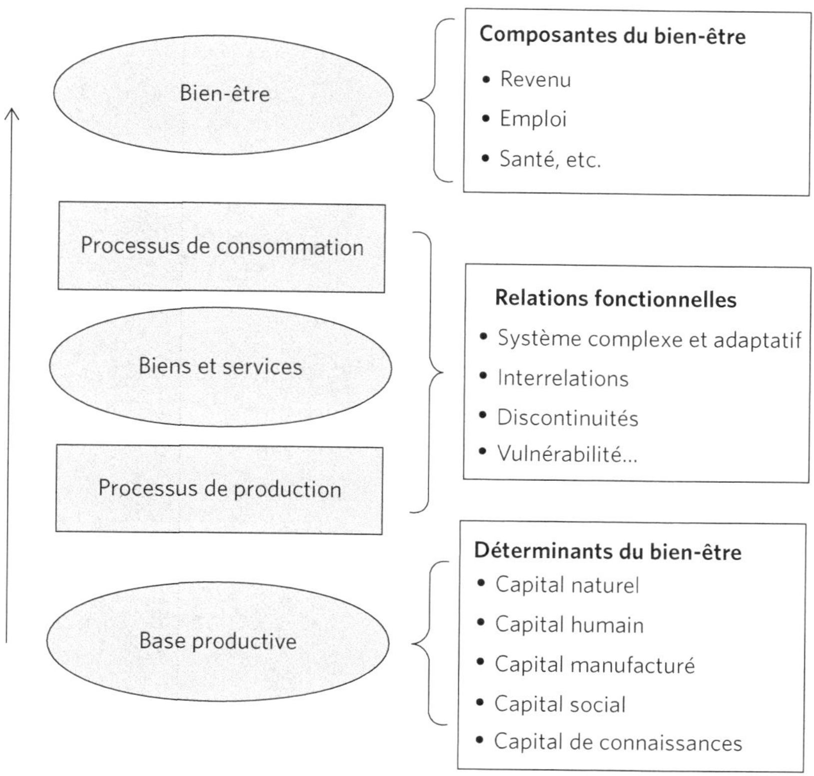

Source : D'après Clark et Dasgupta, 2014.

CHAPITRE 13

S'enrichir véritablement (les indicateurs de soutenabilité)

Comment évaluer vraiment la soutenabilité ? Peut-on concevoir des indicateurs qui nous renseignent sur ce que nous laisserons aux générations futures ? C'est évidemment beaucoup plus compliqué que de savoir ce que nous produisons ou ce que nous consommons... Une première démarche a consisté à construire des « tableaux de bord » du développement durable. Ces tableaux de bord, dits « Agenda 21 », ont été élaborés à différents niveaux, selon des méthodes très diverses, mais avec toujours le même objectif : regrouper un ensemble de grandeurs mesurables, que les décideurs et les citoyens peuvent suivre et qui, comme dans un véhicule, éclairent la navigation et guident les décisions des pilotes.

L'analogie avec le tableau de bord d'un véhicule est d'ailleurs utile pour comprendre le but de notre quête : un ensemble clair et concis, qui permette à des décideurs non techniciens, et au plus grand nombre de citoyens, d'appréhender les informations qui s'affichent et qui induisent des choix non équivoques de pilotage. Pas un tableau de bord d'hélicoptère ou d'Airbus donc, mais plutôt celui d'une voiture, avec un petit nombre de cadrans ou de compteurs. Filons la métaphore : il nous faudrait disposer d'un compteur de vitesse (une mesure du bien-être présent élaborée à partir des chapitres de la première partie de cet ouvrage) et d'une jauge nous indiquant à chaque instant combien il reste de carburant dans le réservoir ou, mieux encore, un de ces compteurs indiquant combien de kilomètres nous pourrions parcourir au rythme actuel, si nous poursuivions notre voyage à la vitesse actuelle, étant donné ce qui reste dans le réservoir. La jauge que nous évoquons ici est analogue à la mesure des limites de la biosphère analysées au chapitre précédent, à supposer bien sûr que nous soyons capables de les évaluer avec précision. Le compteur de distance pouvant être parcourue étant donné ce qui reste est beaucoup plus complexe et sophistiqué : il suppose de faire des hypothèses sur la vitesse future et la consommation par kilomètre à l'avenir. Un exercice de projection dans le temps, en somme, avec toutes les incertitudes que cela comporte, mais néanmoins indispensable pour guider les choix présents de pilotage de nos sociétés ou, au moins, permettre des corrections dynamiques de nos trajectoires collectives si d'aventure elles devenaient insoutenables.

La « vraie richesse des nations »

Les tentatives de construction d'indicateurs synthétiques alternatifs au PIB incluant des dimensions autres que la production et la consommation recensées par les comptables nationaux ont des origines anciennes : en 1972, déjà, deux économistes américains de Yale – James Tobin et William Nordhaus – avaient proposé d'élargir le champ de l'évaluation en incluant, dans leur « mesure du bien-être économique soutenable » (*Sustainable Measure of Economic Welfar* ou SMEW), des éléments de capital naturel – les terres –, et de capital humain – éducation et santé. Mais la méthode de valorisation retenue pour ces différents éléments était fragile, et la rareté des données sur ces dimensions en interdisait l'usage en dehors des États-Unis.

Comme l'ont montré les chapitres précédents, des progrès considérables ont, depuis lors, été accomplis dans la collecte et l'analyse de données sur l'environnement, les ressources naturelles, les écosystèmes, et la nature et l'ampleur des atteintes que les activités humaines leur infligent. Parallèlement, les comptables nationaux ont affiné et harmonisé les méthodes d'évaluation économique de certains des flux de nuisances, tels que certaines émissions – GES, oxyde d'azote, etc. – et de prélèvements de ressources sur les milieux naturels – l'exploitation du bois, les prélèvements de ressources halieutiques, par exemple. Même si les prix retenus pour estimer la valeur économique de ces flux sont sujets à discussion (voir chapitre précédent), leur évaluation fournit une base commune pour la publication d'une nouvelle comptabilité nationale, avec le Système des comptes de l'environnement, et pour diverses procédures de correction des indicateurs traditionnels, tels que le « PIB vert », qui retranche à la mesure usuelle de la croissance, une évaluation monétaire de plusieurs flux prélevés sur les ressources naturelles et des pollutions infligées à l'environnement.

Ces indicateurs corrigés ne sont toutefois pas des indicateurs de soutenabilité : tout au plus nous renseignent-ils sur la vraie valeur nette de ce que nous produisons, et sur la part de notre consommation présente qui est prélevée sur ce que nous laisserons aux générations futures. Ce qui est déjà bien, mais reste purement statique.

L'effort d'évaluation économique de la soutenabilité a cependant franchi une étape importante avec l'élaboration et l'évaluation par la Banque mondiale de la notion d'épargne nette ajustée[1], première tentative pour mettre en œuvre les préceptes de Solow concernant le capital « total ». La méthode d'évaluation de l'épargne nette ajustée consiste, en effet, à corriger la mesure de l'épargne – qui n'est autre, en théorie, que la variation annuelle du stock de richesse de la nation – pour prendre en compte différents flux qui doivent lui être soustraits si l'on veut évaluer la variation de la « richesse véritable de la nation ».

La première étape consiste à passer de l'épargne brute à l'épargne nette, en soustrayant une estimation de la dépréciation du stock de

1. Les données sont accessibles sur le site de la Banque mondiale : http://www-wds.worldbank.org/external/default/WDSContentServer/WDSP/IB/2011/01/07/000333037_20110107002422/Rendered/PDF/588470PUB0Weal101public10BOX353816B.pdf

capital productif produit : elle correspond à l'addition nette à la richesse, dans la mesure où la dépréciation doit être compensée, et où donc la somme correspondante n'est pas une véritable épargne, mais la dépense nécessaire au maintien en l'état du stock existant. À cette évaluation de l'épargne nationale nette, il convient, en revanche, d'ajouter les investissements faits dans d'autres catégories de capital, en l'occurrence l'accumulation de capital humain grâce aux dépenses d'éducation, habituellement traitées par la comptabilité nationale comme des dépenses de consommation courante. Enfin, on retranche de cette évaluation de l'épargne nette, une estimation de la dépréciation – lorsque s'il s'agit de pollution de l'environnement – ou de la consommation – lorsqu'il s'agit de l'exploitation de ressources naturelles, telles que les mines, les gisements ou les forêts – du stock de capital naturel de la nation.

Les conséquences de ces diverses additions et soustractions à la mesure comptable habituelle de l'épargne nationale brute sont illustrées par les graphiques 14 à 17, qui comparent, pour deux années, les données de deux pays dont les niveaux de développement économique sont voisins : la France et le Canada. Selon la comptabilité nationale habituelle, ils avaient, en 1999 comme en 2007, des taux d'épargne nationale très proches, environ 20 % de leur revenu national brut (RNB). De même, la dépréciation estimée de leur stock de capital productif produit était très similaire – un peu plus en France en 2007 –, de sorte que leurs taux d'épargne nationale nette, au sens de la comptabilité usuelle, étaient compris entre 5 et 10 % de leur RNB respectif. Leurs dépenses publiques d'éducation sont, elles aussi, comparables. Mais, alors que la France, peu dotée en ressources minérales et fossiles, et relativement peu émettrice de GES, ne réduit, selon cette évaluation, que faiblement son stock de capital naturel, le Canada, de son côté, a fortement accru, entre 1999 et 2007, le volume de ses extractions d'énergies fossiles, amputant ainsi à un rythme plus soutenu son stock de capital naturel. En 2007, l'épargne nette ajustée canadienne est, en définitive, sensiblement plus faible que celle de la France : dans les deux pays, la richesse véritable augmente, mais à un rythme moindre que ne le laisse penser la mesure usuelle de l'épargne nationale, et moindre au Canada qu'en France, en raison de la diminution du stock de capital naturel du premier.

Graphiques 14, 15, 16 et 17. L'épargne nette ajustée de la France et du Canada, 1999 et 2007, % du RNB

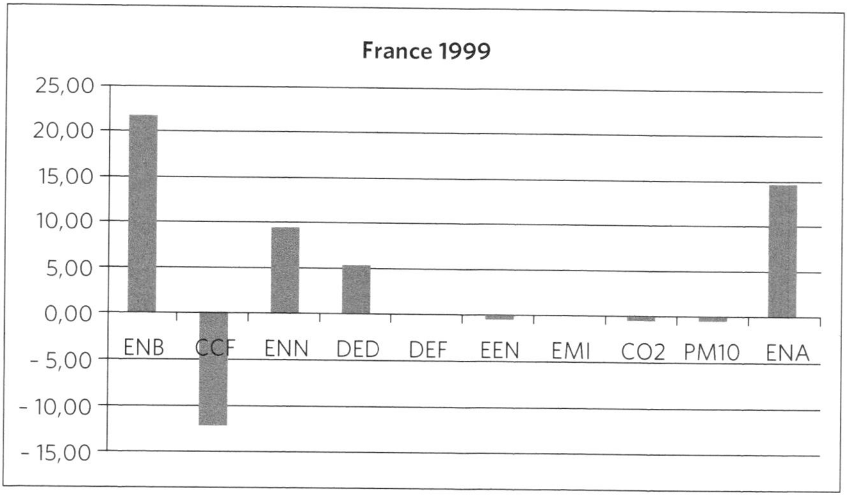

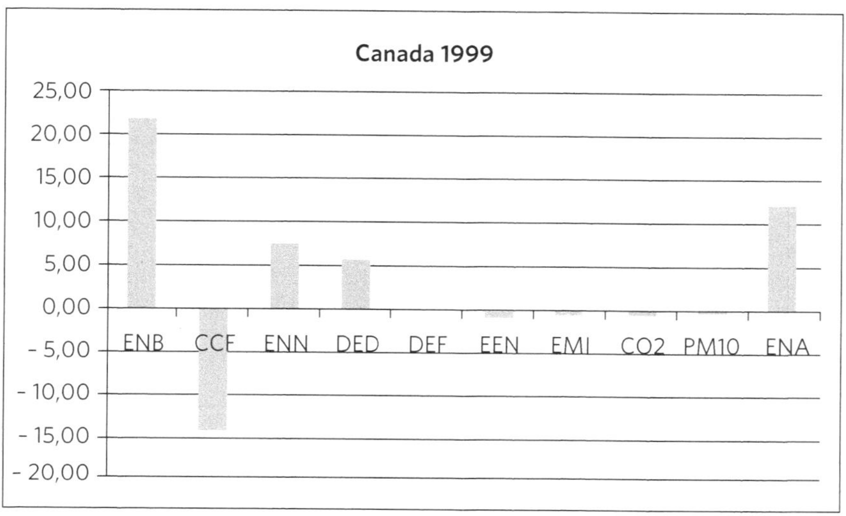

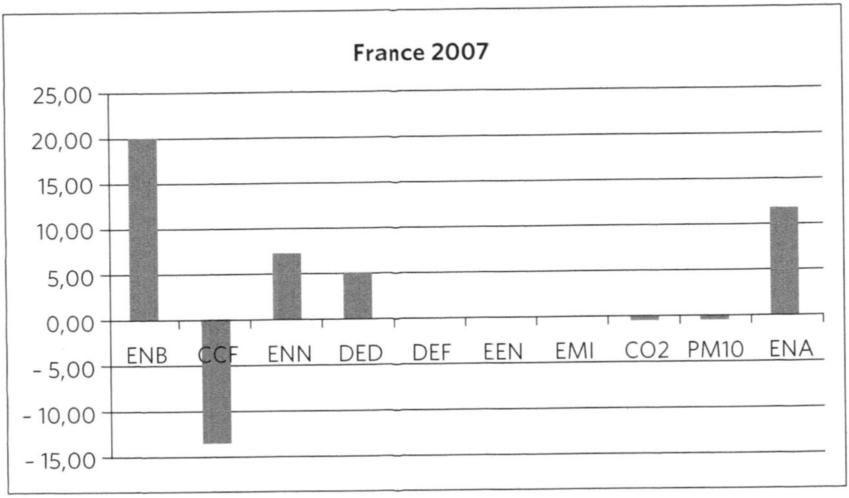

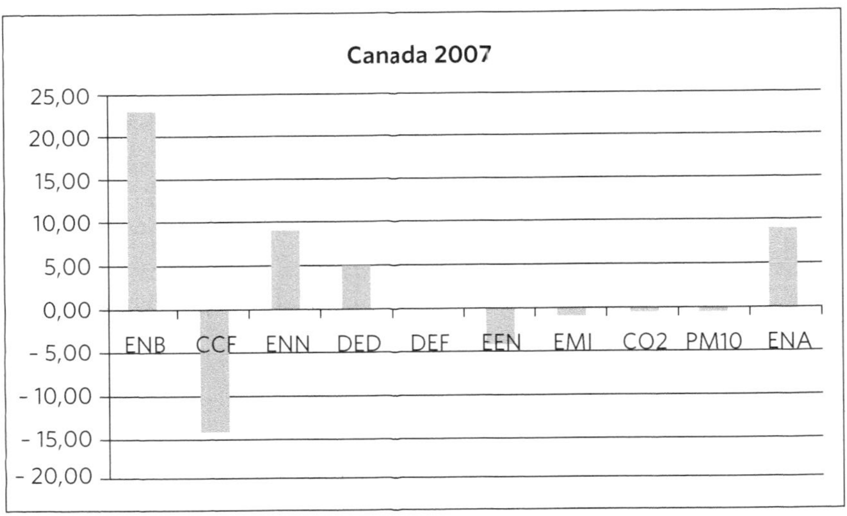

Source: Banque mondiale, 2008.

Lecture :
ENB = Épargne nationale brute
CCF = Consommation de capital fixe
ENN = Épargne nationale nette
DED = Dépenses d'éducation
DEF = Exploitation forestière
EEN = Exploitation d'énergies fossiles
EMI = Exploitation minière
CO_2 = Émissions de GES
PM10 = Émissions de particules fines
ENA = Épargne nette ajustée
ENB - CCF = ENN ; ENN + DED - (DEF + EEN + EMI + CO_2 + PM10) = ENA

Les évolutions de l'épargne nette ajustée de quelques autres pays permettent de mieux saisir l'intérêt et les limites de cet indicateur de soutenabilité. La comparaison des profils de pays producteurs et exportateurs de matières premières épuisables – par exemple Bahreïn et Oman – et de pays relativement peu dotés en ressources naturelles minérales et qui sont plutôt importateurs de ces ressources – la Chine et la France – met en évidence le rôle crucial que joue ce type de flux : les pays de la première catégorie ne sont soutenables, selon cet indicateur, que s'ils réinvestissent dans la formation de capital humain ou de capital productif produit une part substantielle des recettes d'exportation qu'ils tirent de l'exploitation pétrolière, ce qui est le cas de Bahreïn après 2002, mais pas d'Oman. De même, l'Éthiopie ne devient, selon cet indicateur, soutenable qu'après 2010, lorsqu'elle investit dans l'éducation et exploite plus durablement sa principale ressource naturelle, la forêt.

Ces quelques exemples mettent en lumière les limites et insuffisances pratiques de l'épargne nette ajustée. Le commerce international de matières premières introduit, à l'évidence, une distorsion dans l'image que donne l'indicateur de la contribution de chaque pays à la soutenabilité globale : la Chine ou, dans une moindre mesure, la France, apparaissent très soutenables en partie parce qu'elles sont importatrices nettes de ressources naturelles minérales, tandis qu'à l'inverse, les exportations des autres pays grèvent leur indicateur de soutenabilité. Tout au plus cet indicateur peut-il constituer un signal d'alarme utile pour pointer les situations d'insoutenabilité les plus manifestes : lorsqu'il atteint des valeurs négatives, il convient d'apporter d'importantes corrections aux orientations économiques nationales.

Le capital humain, vraie richesse des pays riches

Fondées sur la même démarche, les évaluations de la richesse véritable des nations publiées par la Banque mondiale en 2010, qui concernent cette fois les stocks et non les flux, fournissent des informations intéressantes sur la répartition du capital total dont dispose l'humanité. Les inégalités de dotations entre pays sont flagrantes : la richesse véritable par tête des habitants des pays les plus développés est presque cent fois supérieure à celle dont disposent les citoyens des pays les plus pauvres ! Et encore cette mesure ne fournit-elle aucune indication sur les inégalités au sein de ces groupes de pays, et pas davantage sur les inégalités interpersonnelles de richesse à l'intérieur des pays.

Tableau 23. Montant et composition de richesse véritable des nations, 2005

	Richesse totale (milliards de dollars)	Richesse par tête (dollars)	Capital immatériel (%)	Capital manufacturé (%)	Capital naturel (%)
Pays à très bas revenu	3 597	6 138	57	13	30
Pays à bas revenu	58 023	16 903	51	24	25
Pays à revenu intermédiaire	47 183	81 354	69	16	15
Pays à revenu élevé (OCDE)	551 964	588 315	81	17	2
Monde	673 593	120 475	77	18	5

Source : Banque mondiale, 2010.

Partout, le capital immatériel – capital humain, essentiellement – constitue la part dominante de la « vraie » richesse des nations : en moyenne mondiale, 77 %, et beaucoup plus dans le groupe des pays les plus développés. À l'inverse, le capital naturel représente au maximum 30 % dans les pays les pauvres, mais seulement 2 % dans le groupe de l'OCDE.

De la richesse véritable à la richesse totale

L'une des principales limitations de l'indicateur de « richesse véritable » élaboré par la Banque mondiale tient aux méthodes d'évaluation des composantes du capital, singulièrement, bien sûr, celles qui sont les plus éloignées des rapports marchands, et pour lesquelles les prix utilisés sont ce que l'on appelle des prix « imputés ». Pour ces composantes, en effet, les données primaires – la mesure des quantités disponibles – ne sont généralement pas exhaustives et les « prix » qu'on leur affecte ne sont pas dépourvus d'arbitraire. Ainsi le stock de capital social n'est pas encore pris en compte dans cette évaluation, tandis que la valorisation du capital humain apparaît très discutable et qu'il semble évident que le capital naturel est sous-évalué.

Dépasser certaines au moins de ces limites est précisément l'ambition du programme IWR (*Inclusive Wealth Report*) lancé par les Nations unies, dont le premier rapport a été publié en 2012[1]. Concentré sur 20 pays (dont la France), il s'appuie sur une analyse plus générale de la soutenabilité pour proposer une évaluation plus satisfaisante des composantes de la « richesse totale » des nations. Dans le rapport IWR 2012, la principale amélioration par rapport à l'épargne nette ajustée tient à une définition plus large et une

1. UNU-IHDP et UNEP, *Inclusive Wealth Report 2012, Measuring Progress Toward Sustainability*, Cambridge University Press, 2012.

meilleure évaluation du capital naturel, pour tenir compte, notamment, des écosystèmes. L'indicateur de richesse véritable est, de ce fait, plus sensible aux dégradations environnementales. Mais la valorisation du capital humain demeure très discutable, alors même que son accumulation domine, comme dans la richesse véritable calculée par la Banque mondiale, les évolutions de la richesse totale.

Dans la plus récente version de cette approche (IWR 2014[1]), qui couvre désormais 140 pays, les méthodes d'évaluation du capital humain ont été affinées, pour mieux prendre en compte le rendement économique de l'éducation d'une part, et les bénéfices que procure, directement et indirectement, la santé, ici mesurée par les gains d'espérance de vie. D'autre part, l'évaluation du capital naturel est également améliorée, notamment en utilisant des « prix fantômes » pour les services écosystémiques des forêts, à la place des prix et coûts de marché des produits de la forêt.

Il en résulte un accroissement sensible de la valeur mesurée du capital naturel et de sa part dans la « richesse véritable » globale : selon cette nouvelle estimation, les forêts auraient une valeur patrimoniale globale de 273 000 milliards de dollars (2005), ce qui équivaut à 56 fois le PIB mondial ! La répartition de la richesse totale mondiale semble ainsi moins déséquilibrée que dans les évaluations de la « richesse véritable » produites par la Banque mondiale : le capital humain en constitue 54 %, le capital naturel 28 % et le capital manufacturé 18 %. Ceci signifie que les débats souvent passionnés autour de la répartition du capital financier couvrent une toute petite part des enjeux de justice dans la répartition du capital total…

Le résultat le plus frappant de l'IWR 2014 est qu'à l'échelle de la planète, la richesse totale par habitant a été constante entre 1990 et 2010 : à cause de la croissance démographique, l'augmentation du

1. UNU-IHDP et UNEP, *Inclusive Wealth Report 2014, Measuring Progress Toward Sustainability*, Cambridge University Press, 2014.

stock total est juste suffisante pour équiper les nouveaux habitants. Les résultats par continent montrent que seule l'Europe a connu un accroissement soutenu de sa richesse véritable par habitant (1 % par an), alors qu'elle n'a crû que faiblement en Amérique du Nord (0,4 %), qu'elle a été stable en Amérique latine et en Asie, mais a diminué, au rythme de 0,8 % par an, en Afrique.

Mais comment tenir compte des composantes de la richesse totale qui ne sont pas évaluées, ou d'éventuelles sous-évaluations de celles pour lesquelles les « prix fantômes » sont entachés d'une grande incertitude ? S'inspirant de la démarche analytique de Solow, qui avait estimé un « résidu » inexpliqué de la croissance économique – la part de la croissance du PIB qui ne peut être attribuée ni à l'augmentation du stock de capital productif ni à celle de la quantité de main-d'œuvre utilisée dans la production –, les auteurs de l'IWR 2014 ont évalué la part de la croissance du PIB qui n'est pas explicable par l'augmentation de la richesse totale qu'ils évaluent : ce « résidu », inexpliqué, peut être interprété comme la contribution des composantes « manquantes » de la richesse totale (ce que nous avons appelé plus haut « nos actifs manquants ») – institutions, capital social, savoir, inégalités, etc. – à la croissance économique. Or ce résidu a eu tendance à décliner presque partout au cours des deux décennies étudiées : à l'échelle mondiale, il a baissé de 0,3 % par an. En tenant compte de cette tendance à la baisse de la « productivité totale » des facteurs que l'on mesure par ailleurs, et en incluant dans le capital naturel une évaluation des émissions de GES et de la valeur des ressources connues en énergies fossiles, les résultats sont plus alarmants encore : le stock mondial de richesse totale par habitant ainsi corrigé a diminué de 0,3 % par an entre 1990 et 2010.

La mesure de notre ignorance

Ces nouveaux indicateurs de soutenabilité, intrinsèquement dynamiques puisqu'ils focalisent l'attention sur les variations de stocks de richesse existante et léguée aux générations futures, constituent indéniablement un progrès dans la connaissance et l'évaluation de la soutenabilité. Leur construction a stimulé la réflexion et la collecte de données pertinentes par les instituts statistiques nationaux, notamment dans les pays de l'Union européenne où des standards communs ont été définis pour la comptabilité environnementale[1].

Toutefois ils ne sont qu'un premier pas dans la bonne direction et leurs imperfections sont nombreuses. En premier lieu, bien sûr, parce qu'ils ne prennent en compte que trois des composantes de la richesse totale, et que les « prix fantômes » qu'ils mobilisent reposent sur des bases fragiles. Mais c'est surtout dans le choix d'évaluation du capital humain et de la productivité totale des facteurs que leur méthodologie semble le plus critiquable : ce sont les rendements marchands de l'éducation qui servent de base à l'évaluation de la dimension éducation du capital humain ; de même, la dimension santé s'appuie sur une valorisation de l'espérance de vie qui, elle aussi, repose sur les gains monétaires, aboutissant ainsi à accorder un prix beaucoup plus élevé à une année gagnée par les habitants des pays les plus riches qu'à la même amélioration dans les pays pauvres ; et les variations de la productivité totale des facteurs ne sont, elles aussi, évaluées que par référence au seul PIB. Ces méthodes sont donc en contradiction avec les analyses développées dans les chapitres de la première partie de cet ouvrage…

---

1. Voir le Rapport SEEA Eurostat 2013.

Peut-on substituer sans limites ?

Plus avant, l'une des principales objections que soulève cette évaluation de la soutenabilité à l'aide d'un indicateur unique de « richesse véritable » ou de « richesse totale » tient à la démarche d'addition des différentes composantes de ce stock, qui suppose que celles-ci sont parfaitement et indéfiniment substituables : un euro accumulé en capital productif ou en capital humain compense un euro perdu en capital naturel. L'indicateur global – le stock de richesse de l'humanité tout entière – démontre, en particulier, les faiblesses d'une mesure dominée par la valeur estimée du stock de capital humain : si la population mondiale continue d'augmenter, et pourvu bien sûr qu'elle soit suffisamment éduquée, le processus actuel de développement économique apparaît, selon cet indicateur, éminemment soutenable, dans la mesure où le stock de richesse, véritable ou totale, légué aux générations futures augmente lui aussi, même si sa composante naturelle se réduit comme peau de chagrin, puisque, selon ces mêmes indicateurs, il diminue presque partout dans le monde. C'est d'ailleurs une critique qui s'applique aussi à l'indice de développement humain : les trois dimensions (revenu, éducation, santé) étant considérées sur un pied d'égalité dans la construction de l'indice, une baisse dans l'une d'elles peut être compensée par une hausse d'une autre.

Peut-on raisonnablement faire l'hypothèse d'une substituabilité sans limite entre les différentes composantes du stock de richesse véritable, à l'échelle de la planète ou à celle d'un pays ? On peut, dans une certaine mesure, substituer, grâce aux progrès technologiques, du capital manufacturé au capital naturel : l'Europe a certes massivement réduit la taille de ses forêts depuis le Moyen Âge, mais qui songerait à se plaindre que des villes ou des champs cultivables les aient remplacés ? De même les États du Moyen-Orient préparent-ils activement l'après-pétrole en investissant leur capital naturel dans des projets visant à accroître leur capital humain.

Il y a donc bien des possibilités de substitution, et elles sont d'autant plus étendues que nos compétences et nos savoirs, donc notre capital humain, s'accumulent. Mais cette substitution peut-elle être poursuivie sans limite sans risque ? L'exemple de l'énergie nucléaire devrait nous mettre en garde contre ces ambitions prométhéennes : nous pouvons, grâce à nos savoirs scientifiques et techniques, mettre à contribution, pour notre bien-être, des ressources naturelles nouvelles, certaines sans doute aujourd'hui insoupçonnées ; mais les risques encourus ne sont, par nature, jamais complètement connus à l'avance, et leur maîtrise est, à tout le moins, coûteuse.

C'est ici l'opposition entre deux conceptions de la soutenabilité qui affleure : la notion de soutenabilité « faible », qui sous-tend la construction des indicateurs discutés dans ce chapitre, et celle de soutenabilité « forte ». Alors que la première postule la substituabilité entre les différentes composantes du capital total, la seconde met l'accent sur les limites qu'impose la disponibilité des ressources naturelles épuisables, la capacité d'absorption ou de résistance de l'environnement naturel, en un mot la résilience de la biosphère.

En théorie, il est tout à fait possible de conserver la démarche de construction d'indicateurs dynamiques de soutenabilité fondée sur la notion de richesse ou de capital total : il suffit d'affecter des « prix fantômes » adéquats, et que le prix de chaque élément de ce stock s'élève suffisamment lorsque cet élément devient plus rare ; mais saurons-nous un jour évaluer de manière pertinente ces raretés, et aurons-nous la volonté politique de leur faire correspondre des prix suffisamment élevés ?

Il n'est, à l'évidence, ni raisonnable ni politiquement et moralement défendable d'opter pour la soutenabilité « forte », qui implique de préserver à n'importe quel prix – donc avec un « prix fantôme » infini – l'environnement naturel et les écosystèmes existants, jusque et y compris en sacrifiant les possibilités de développement humain de la partie de l'humanité dont les besoins vitaux ne sont aujourd'hui pas assouvis. Mais si la soutenabilité « faible » nous permet d'espérer que le monde que nous laisserons aux générations futures sera vivable, elle laisse planer une incertitude sur la capacité des humains d'aujourd'hui et de demain à maîtriser les risques qu'elle porte en germe, et ne nous garantit nullement que ce monde de demain, vivable, sera agréable ou aimable. Évaluer en termes monétaires est donc utile, indispensable même pour pointer les pires erreurs de trajectoire et pour peser sur les choix, individuels et collectifs ; mais la monétisation a ses limites. La mesure de la soutenabilité ne saurait donc se réduire à la seule dimension économique : c'est une affaire démocratique.

PARTIE 3

Évaluer pour évoluer

CHAPITRE 14

Évoluer par les valeurs

Cet ouvrage s'est efforcé jusqu'ici de montrer que de nombreux indicateurs de bien-être et de soutenabilité, alternatifs ou complémentaires par rapport aux indicateurs économiques conventionnels, étaient susceptibles d'éclairer les décideurs publics et les citoyens sur la richesse véritable de la vie humaine et la complexité réelle de notre monde économique. Nous avons en somme répondu à la question « Pourquoi ? ». Il nous faut à présent apporter des éléments de réponse à la question « Comment ? ». Comment changer les attitudes et les comportements pour inscrire dans les faits ces nouvelles visions du réel et redessiner notre espace économique pour le faire davantage correspondre à nos contraintes et à nos valeurs ?

La capacité de changement des sociétés humaines dépend de deux leviers fondamentaux : les attitudes et les comportements de leurs membres. Les comportements sont déclenchés par des signaux économiques que les personnes perçoivent (ou non) et auxquels elles choisissent (ou pas) de répondre. L'inertie est ainsi une forme de comportement, qui peut résulter de la non-perception d'un signal comme de l'impossibilité ou de l'absence de volonté d'y répondre. Prenons un exemple concret de signal et de réponse : la hausse du prix du tabac, qui induit en moyenne une baisse du volume de tabac consommé dans les sociétés contemporaines. Il faut bien noter que le fait de réduire sa consommation de cigarettes n'implique pas nécessairement une adhésion au message de prévention sanitaire qui justifie pour les pouvoirs publics le renchérissement du prix du paquet de cigarettes. Le fait d'ajouter sur un paquet rendu plus coûteux de quelques euros des photographies insoutenables de lésions causées par le cancer des voies respiratoires a précisément pour objet de susciter une telle adhésion, en l'occurrence en jouant sur la peur du consommateur.

On espère ainsi que celui-ci changera le regard qu'il porte sur sa propre consommation et que celle-ci lui apparaîtra comme irresponsable, lui ôtant son caractère désirable individuellement ou socialement (la consommation à des fins sociales est particulièrement présente parmi les jeunes fumeurs). On espère qu'au-delà du simple comportement (moins acheter de tabac du fait de ressources monétaires devenues moins abondantes), c'est l'attitude du consommateur qui évoluera dans le sens souhaité. C'est alors le système de valeurs du citoyen qui est sollicité en plus du système d'incitations du consommateur : on achètera moins de paquets de cigarettes parce que l'on est convaincu que c'est mauvais pour sa santé (ou celle des autres) et cette conviction l'emporte désormais sur toute considération de plaisir. On voit que ce second mécanisme est plus durable et plus puissant que la désincitation pécuniaire : là où la hausse des prix peut être vécue comme une contrainte à laquelle on refuse de se soumettre ou que l'on tente par tous les moyens de contourner, le changement de valeurs est un choix qui est souvent, dans le cas du tabac, définitif.

L'introduction et l'usage des indicateurs de bien-être et de soutenabilité relèvent de la même logique d'action : il ne s'agit pas seulement d'imposer de nouveaux instruments de mesure à une société qui s'y plierait de plus ou moins bonne grâce mais n'y croirait pas le moins du monde, mais de convaincre que cette réforme sera bénéfique et qu'elle mérite un changement de nos attitudes. Il convient, comme dans le cas du tabac, de mener ces deux objectifs de changement des comportements et de transformation des attitudes de front en ayant conscience que les comportements commencent à changer pour une raison très simple : la nécessité.

Anticiper l'inversion des valeurs

À l'été 2014, au plus fort d'une sécheresse qui dure alors en Californie depuis trois années et se révèle comme la plus sévère depuis plus d'un siècle, le grand quotidien de San Francisco, le *Chronicle*, fait paraître un dessin humoristique qui tient en deux vignettes : sur la première, qui porte la date de 1894, c'est-à-dire le pic de la ruée vers l'or dans la région, on aperçoit un prospecteur, penché vers la rivière et scrutant fiévreusement son tamis pour s'écrier : « De l'or ! » Sur la seconde vignette, datée de 2014, en pleine sécheresse donc, le même personnage dans la même position s'écrie : « De l'eau ! » Ce qui a changé à plus d'un siècle de distance n'est pas la réalité mais le regard que porte sur elle ce chercheur d'or, qui a compris en 2014 la valeur inestimable de ce qu'il tenait en 1894 pour négligeable quand son regard était accaparé par le seul métal précieux. Cette histoire n'est pas sans rappeler celle du roi Midas, qui se voit accorder à sa demande par Dionysos le don de changer ce qu'il touche en or. Bientôt, Midas ne pouvant plus ni boire ni manger supplie le Dieu de le rendre à son inestimable humaine condition…

Ce que nous apprennent ces illustrations, c'est que la valeur n'est pas figée pour toujours, elle est fondamentalement une construction sociale qui varie au gré des choix et des circonstances : ce qui paraît à Midas et à notre chercheur d'or dans un premier temps comme le bien le plus précieux s'efface devant l'eau, dont nous croyons pourtant, à tort, disposer en abondance pour toujours. Il adviendra un moment où, en Californie, sous l'effet de la sécheresse, un kilo d'or vaudra moins cher qu'un litre d'eau. Les comportements auront déjà changé à ce moment-là et sans doute aussi les attitudes mais il sera peut-être trop tard pour préserver les écosystèmes de la région et la présence humaine sur cette terre d'abondance dont le climat se rapproche de celui de la région méditerranéenne.

Il nous faut donc devancer, anticiper l'inversion des valeurs qui est déjà en marche et qui est en train de remettre le développement économique à sa place pour donner la priorité au bien-être et à la soutenabilité.

Cette transition des valeurs prendra de longues décennies et on ne peut pas compter sur les marchés pour la porter, en tout cas pas spontanément. Il nous faut modifier nous-mêmes le système de valorisation sociale, en diminuant celle de la croissance économique et en rehaussant celle du développement humain et du développement soutenable, en diminuant celle des bénéfices des générations présentes pour augmenter le bien-être des générations à venir. En changeant les repères des sociétés contemporaines, on modifiera les comportements des personnes et en se livrant à une pédagogie de ce changement, on transformera leurs valeurs, ce qui achèvera de changer leurs comportements.

Les instruments économiques peuvent être de puissants alliés dans cette entreprise à condition d'être contrôlés par la puissance publique. C'est tout le sens de la taxation du carbone que beaucoup, au-delà des seuls économistes, voient comme une solution efficace pour lutter contre le changement climatique : on espère ainsi canaliser la puissance des échanges marchands au service d'une modification des comportements de production, de consommation, de logement, de transport, etc. qui va progressivement réduire le rôle des énergies fossiles dans le système économique. Mais ce changement des comportements doit s'accompagner d'une prise de conscience qui conduira les individus à opter pour des solutions bas carbone parce qu'ils sont convaincus de leurs bénéfices et pas seulement parce qu'ils y sont contraints par le système de prix[1].

1. Il importe donc de combiner des instruments économiques comme la fiscalité ou les marchés de permis à polluer avec des instruments plus autoritaires comme l'imposition de normes et de standards et des instruments de sensibilisation et d'information (comme l'étiquetage). C'est la combinaison de ces instruments qui peut accélérer les changements de comportements et d'attitudes.

Cet argument renvoie à la place qui doit être celle des incitations économiques dans la transition des valeurs.

Il est en effet essentiel d'éviter une erreur très souvent commise par les chercheurs et les décideurs consistant à rabattre le développement humain et le développement soutenable sur la croissance du PIB et la valeur monétaire tout en prétendant les dépasser.

Croyant promouvoir une nouvelle vision du monde économique, on dira ainsi que la santé est importante parce qu'elle rapporte des « points de PIB » ou que la démocratie doit être souhaitée parce qu'elle est un « facteur de croissance » ou encore que la pollution doit être combattue parce qu'elle freine le développement économique. Cette façon de s'éloigner du PIB pour mieux y revenir illustre bien la différence entre une révolution et un rond-point : la santé est importante en soi, pas parce qu'elle permettrait davantage de croissance économique ; de la même manière la démocratie importe pour le bien-être qu'elle procure aux individus et pas parce qu'elle les rendrait plus productifs, enfin la pollution compte pour ses effets sur la santé humaine et les écosystèmes.

En d'autres termes, les politiques publiques doivent viser les objectifs finaux du bien-être et de la soutenabilité et pas des objectifs intermédiaires surtout quand ces derniers constituent des entraves à l'atteinte des objectifs finaux ! Il n'y a pas de véritable transition des valeurs si seules les valeurs secondaires sont modifiées mais que la croissance demeure l'*ultima ratio* de la coopération sociale. Pour paraphraser Albert Einstein, si l'on continue à avoir l'esprit en forme de marteau, on continuera à voir les problèmes en forme de clou.

Valeur et valeurs

Derrière cet enjeu des moyens et des fins se devine la question de la monétarisation : comment convaincre les décideurs et les citoyens qu'il faut changer de modèle sans leur montrer ce que ce nouveau modèle peut leur rapporter en comparaison de l'ancien ? Comment vouloir modifier des valeurs économiques sans parler le langage de l'économie et donc de l'incitation par le gain monétaire ? Avant de vouloir changer la grammaire de la valeur il faudrait donc d'abord parler le langage commun de la monnaie. Ici aussi, il importe de se montrer prudent : il est des concessions si essentielles qu'elles équivalent à des reniements.

En se contentant de traduire le nouveau monde économique dans le langage de l'ancien, la forme aura tôt fait de venir à bout du fond et il ne restera plus rien de la transition des valeurs. Il importe donc de signifier très clairement que la monétarisation peut parfois être utile mais qu'elle est bien souvent impossible et périlleuse s'agissant du bien-être et de la soutenabilité. Et elle n'est en rien indispensable.

Monétarisation impossible, celle qui consiste à attribuer une valeur pécuniaire à la vie humaine : l'argent n'ayant pas la même signification et la même valeur d'un humain à l'autre, les tentatives qui visent à déduire de la disposition à payer pour protéger sa vie ou sa santé l'attachement à l'existence sont logiquement vouées à l'échec. On peut tout à fait mesurer la qualité de la vie humaine sans avoir recours à une unité monétaire[1]. Monétarisation périlleuse, celle qui veut réduire les ressources naturelles à un prix de marché sur lequel seuls quelques participants arbitrent ici et maintenant

1. Comme on le voit avec l'indice de développement humain des Nations unies ou l'indice « Mieux vivre » de l'OCDE, des techniques statistiques très simples comme la normalisation permettent d'utiliser des nombres indiciels sans unité en agrégeant des nombres aux unités variées telles que l'année pour l'espérance de vie, l'euro ou le dollar pour le revenu ou le point pour le résultat à un test éducatif. Il n'y a aucune fatalité à voir triompher en toutes circonstances l'unité monétaire.

une fraction de la valeur de ces ressources au nom de leurs intérêts (c'est le cas des énergies fossiles dont le prix devrait relever en grande partie de la puissance publique vu l'importance du changement climatique pour le bien-être humain mais qui dans les faits obéit à des logiques économiques de court terme et des considérations géopolitiques de moyen terme). Monétarisation superficielle, celle qui consiste à traduire en grandeurs monétaires les limites de la biosphère : on peut directement traduire des grandeurs physiques et biologiques dans le langage de la santé humaine (impact de la dégradation des écosystèmes sur l'espérance de vie, la qualité de vie, etc.). Au demeurant, l'argument de la justice est beaucoup plus puissant que celui de l'efficacité. Au fond, si nul ne peut nier que le revenu joue un rôle dans le bien-être humain, il importe de reconnaître que cette utilité dépend de sa finalité : les euros ou les dollars doivent donc à la fin des fins être traduits dans le langage des capacités humaines, et non l'inverse.

Monétarisation et plus généralement quantification à outrance sont deux des pièges de la nécessaire transition des valeurs. D'autant plus que la création de valeur monétaire peut précisément conduire à la destruction de valeurs sociales. C'est un exemple bien connu mais qui mérite d'être rappelé ici brièvement : soit une école maternelle à la sortie de laquelle certains parents sont parfois en retard pour venir chercher leurs chers bambins ; excédée de ces comportements inciviques qui contraignent le personnel à attendre les retardataires avant de pouvoir fermer l'établissement, la direction de l'école institue un système d'amendes en fonction de la gravité du retard. Le résultat ? Les retards se multiplient au lieu de se résorber.

Une explication possible à cet apparent paradoxe est que l'introduction de la valeur monétaire a détruit les valeurs morales qui conduisaient la grande majorité des parents à respecter l'heure de sortie de leurs enfants. En établissant une correspondance entre comportements irresponsables et pénalités financières, la direction de l'école a sorti la ponctualité du système moral pour la faire entrer dans le système économique. Dans ce dernier système, le retard devient admissible pour les parents parce qu'il fait l'objet d'un paiement. La valeur, en somme, a détruit les valeurs.

C'est pourquoi certaines dimensions ne doivent pas faire l'objet d'une quantification directe, comme les relations amicales ou amoureuses ou encore la spiritualité, quelle que soit leur importance – à l'évidence primordiale – dans le bien-être des personnes. En revanche, le réseau social peut s'avérer précieux pour un individu et son utilité mérite d'être quantifiée pour être soulignée (sans avoir besoin le moins du monde d'être monétarisée) pour que les pouvoirs publics soient en mesure d'identifier des lacunes en la matière et le cas échéant d'y remédier. C'est particulièrement important dans la perspective des événements catastrophiques comme les tsunamis, les canicules ou les inondations que les personnes seront bien plus à même d'affronter si elles sont soutenues par un réseau social dense et solide.

Valoriser, dans le but de changer les comportements et les attitudes, ne va donc pas sans péril mais se révèle indispensable pour une raison qui se formule simplement : nous vivons dans un monde où les choses ont déjà une valeur et bien souvent un prix, le pluralisme de la valeur peut donc protéger de la dictature du prix unique. Révéler une valeur cachée, c'est tenter de la protéger. Le cas de l'alimentation, déjà évoqué, est particulièrement parlant : si la seule dimension des ressources alimentaires qui reçoit un prix est leur coût économique, la dimension sanitaire ne sera jamais prise en compte dans les comportements de consommation. Un étiquetage adéquat renseignera le consommateur sur des aspects importants d'ordre sanitaire que les fabricants peuvent avoir intérêt à dissimuler : la présence de tel composant chimique, la valeur calorique globale, la teneur en sel ou en lipides, etc. La quatification est ici également une qualification.

Vouloir détruire une zone humide riche de biodiversité au motif de la valeur économique des logements que l'on y construira, c'est s'en remettre à une valeur contre toutes les autres, qui ont tout autant à voir avec le bien-être humain. Révéler la valeur de la biodiversité ou des écosystèmes, en recourant ou non à la monétarisation, c'est faire apparaître une partie jusque-là cachée du réel pour la protéger de la destruction, la rendre visible pour éviter qu'elle ne soit anéantie à l'aveugle.

Ouvrir l'éventail de la valeur, donner droit de cité à sa pluralité, c'est ouvrir du même coup l'éventail des comportements et finalement celui des attitudes.

Mais peut-on vraiment croire à la transition du bien-être et de la soutenabilité ? Les obstacles, les réticences et les pusillanimités de toutes sortes, le jeu combiné des intérêts, des idées et des institutions ne sont-ils pas plus puissants que toutes les volontés et n'imposeront-ils pas la poursuite du *statu quo* des valeurs ?

D'une part, on l'a vu, il convient de ne pas sous-estimer le poids de la nécessité : les comportements peuvent changer brutalement dans les sociétés humaines quand les circonstances l'imposent. Le cas des deux chocs pétroliers des années 1973 et 1978 est à ce sujet un exemple trop peu étudié. À cette époque, en France et plus généralement dans le monde occidental, le renchérissement des prix de l'énergie conduisit à l'adoption de mesures d'économies tous azimuts dont la plus spectaculaire fut le changement d'heure, qui perdure jusqu'à aujourd'hui.

Peut-on imaginer changement plus perturbateur, modification d'indicateur plus traumatisante que le fait de reculer d'une heure l'ensemble du système social par pure convention et dans le but avoué d'économiser une ressource rare ? On ne peut pas dire avec certitude que les attitudes au sujet de l'énergie ont changé au fil des années, mais le changement de comportements fut indéniable[1]. Même constat s'agissant des comportements alimentaires au fil des décennies : en partie du fait de la nécessité, en partie du fait d'effets de mode ou de croyances devenues soudainement dominantes, certains aliments apparaissent, disparaissent, vont et viennent. Sans parler des modes vestimentaires ou des goûts culturels. Comment

1. Les progrès acquis alors furent en partie renversés par la situation sur le marché du pétrole, qui connut au milieu des années 1980 un « contre-choc » qui annula en grande partie la hausse du prix du baril des années 1970.

considérer les transformations intervenues dans les comportements de tous ordres sous l'effet des technologies de l'information et de la communication au cours ne serait-ce que de la dernière décennie et concevoir les sociétés humaines comme inertes ?

Il est tout simplement faux de se représenter nos sociétés comme rétives au changement, pilotées automatiquement par des comportements et des attitudes immuables. Les sociétés humaines ont passé leur temps à changer le regard qu'elles portaient sur leurs valeurs et à redessiner le réel, comme lorsque l'esclavage fut banni d'Europe et des États-Unis puis dans la plupart des pays du monde au XIXe siècle. Comportements et attitudes se sont alors renforcés pour mettre en mouvement un changement humain fondamental que des intérêts économiques puissants et des systèmes de valeurs tenaces conspiraient à empêcher. Il en va de même de la reconnaissance des femmes comme égales des hommes et de manière générale de toutes les révolutions civiques.

Les conditions nécessaires de la transition des valeurs vers le bien-être et la soutenabilité sont donc politiques : il faut construire des institutions qui portent les principes du nouveau monde économique. Le débat contradictoire et parfois le conflit sont nécessaires dans cette perspective. Mais nous disposons pour cela, en Europe et en France en tout cas, du système politique le plus efficace qui soit : le régime démocratique, dont la qualité première est de pouvoir sans cesse interroger ses erreurs pour se remettre en cause.

Cette exigence démocratique va exactement à l'inverse des postures postpartisanes qui appellent de leurs vœux en France et ailleurs en Europe l'avènement de grandes coalitions nationales dont la vocation serait de mettre en œuvre les « bonnes réformes » qui « font consensus » mais se trouvent tragiquement empêchées par l'irresponsabilité politique. Ces « bonnes réformes » n'existent pas : il existe un éventail de critères qui permettent d'apprécier la pertinence de telle ou telle politique publique et la hiérarchie de ces critères est précisément l'objet même du débat démocratique.

CHAPITRE 15

Évoluer par la pluralité démocratique

Le débat public en économie, comme plus généralement le monde des valeurs, n'est pas une page blanche sur laquelle il suffirait de commencer à écrire, en ce début de XXIe siècle, le chapitre de la transition du bien-être et de la soutenabilité. Le débat économique est en réalité peuplé d'indicateurs qui dominent les commentaires et les analyses, le plus souvent sans pédagogie ni débat. Au cœur des préoccupations contemporaines en France et ailleurs, on trouve le « carré mystique » formé par la performance des marchés boursiers, le niveau du déficit et de la dette publics et la croissance du PIB. Aucun de ces indicateurs n'a trait au bien-être ou à la soutenabilité : il s'agit au mieux d'indicateurs intermédiaires dont on espère qu'ils contribuent indirectement au développement humain (l'effet sur le développement soutenable n'est même pas envisagé).

Cette feuille de déroute du débat économique a la particularité d'être de surcroît soumise à ce que l'on pourrait appeler une comptabilité à sens unique : il est toujours bon que les Bourses augmentent (indépendamment des risques de crise financière qu'une telle hausse peut signifier), il est toujours sain de réduire les déficits (indépendamment de la conjoncture) et de contenir la dette (indépendamment de la nécessité et de la rentabilité de l'investissement public), enfin la croissance du PIB est toujours une bonne nouvelle (quels que soient son impact réel sur le bien-être des personnes et les dégâts qu'elle peut causer à la soutenabilité des sociétés).

On le voit bien, le problème du « débat » économique est son caractère univoque : chacun de ces indicateurs est considéré aujourd'hui selon une échelle idéologique déconnectée des réalités économiques et de manière autonome par rapport aux autres indicateurs.

Contre la monomanie économique

La priorité pour entamer la nécessaire dépollution du débat économique consiste à rendre pluriel ce qui est monolithique et à introduire de la complexité dans cet ensemble de fausses certitudes bien peu économiques en vérité. Chaque chiffre devrait ainsi être présenté par les médias accompagné d'au moins un autre permettant de le relativiser et donc de le comprendre. C'est le sens même de la notion de système économique : il est impossible d'apprécier un indicateur économique sans référence à au moins un autre, dont la fonction est de le qualifier. Impossible d'apprécier aujourd'hui la situation du marché du travail aux États-Unis sans considérer le niveau du chômage *et* celui des salaires. Ou de considérer la situation économique européenne sans observer l'évolution des indices boursiers *et* celle de l'emploi. Ou de juger de la viabilité du développement chinois sans considérer le développement économique *et* l'état des écosystèmes, etc.

L'Union européenne est l'exemple même des lourds échecs qui découlent immanquablement de la monomanie économique. L'ensemble des politiques économiques du continent a d'abord été surplombé, du début des années 1990 jusqu'à la grande récession de 2008-2009, par le niveau de l'inflation, elles sont depuis 2010 et jusqu'à aujourd'hui tout entières accaparées par l'état des finances publiques. Le résultat sur le reste du système économique (emploi, inégalités, cohésion sociale, etc.) est bien entendu catastrophique.

La question de la périodicité des données économiques est également centrale : le fait que les indicateurs boursiers soient commentés quotidiennement leur donne un poids démesuré dans l'appréciation de la situation économique, alors même qu'ils sont sans rapport avec le bien-être de la très grande majorité des citoyens. Il n'y a à vrai dire aucune bonne raison de conclure les bulletins d'information par les chiffres de la Bourse, sinon pour souligner que les réalités financières ont le dernier mot dans la marche du monde… Les données les plus facilement et rapidement accessibles deviennent les données les plus utilisées et commentées alors même qu'elles sont les moins pertinentes pour nos démocraties. Il importe ici aussi de revenir à la réalité en se dégageant de l'emprise du court terme. Cet enjeu de la temporalité est bien plus important que celui si souvent mis en avant de la lisibilité ou de la simplicité, censées conférer au PIB un avantage décisif sur les indicateurs de bien-être et de soutenabilité. Peu d'indicateurs sont plus complexes et moins compréhensibles que le PIB, c'est le matraquage sur une base désormais trimestrielle de son évolution qui finit par occuper la totalité de l'espace du débat public en économie.

C'est donc à restaurer la pluralité des valeurs économiques qu'il faut nous employer et nul régime politique n'est plus apte à cette tâche que la démocratie. La qualité d'un indicateur n'est en effet pas déterminée par sa valeur technique (même si elle importe à l'évidence) mais par sa « contestabilité » démocratique, c'est-à-dire le fait qu'il puisse être mis en débat de manière contradictoire et compréhensible. Il importe à cet égard de ne pas se tromper sur la notion souvent mal comprise d'appropriation sociale des indicateurs économiques par les citoyens. Il ne s'agit pas d'élaborer entre soi des instruments prêts à l'emploi pour faire semblant de les soumettre ensuite à un « grand débat public » qui ne manquera pas de se décliner « en régions ». La « démocratie événementielle » n'est pas la démocratie substantielle. Celle-ci existe véritablement selon trois modalités : la démocratie représentative, la démocratie participative et la démocratie militante.

Les démocraties au service de la transition

Beaucoup peut d'abord être fait dans le cadre du Parlement et de l'action gouvernementale, en travaillant dans deux directions. La première consiste à intégrer les indicateurs de bien-être et de soutenabilité à la décision budgétaire, qui est historiquement le lieu de la délibération démocratique. Une première étape, aujourd'hui en cours de réalisation en France sous l'impulsion du groupe écologiste de l'Assemblée nationale, consiste à proposer une liste d'indicateurs alternatifs aux agrégats macroéconomiques à la réflexion de la représentation nationale au moment de l'examen du projet de loi de finances. Il s'agit d'une démarche nécessaire mais qui n'est qu'une première étape. L'enjeu est d'aboutir le plus rapidement possible à la création d'une Commission permanente d'information et d'évaluation plurielles des choix budgétaires au sein du Parlement, composée de représentants de l'État, des territoires et des citoyens. Cette instance pourrait devenir un lieu de délibération continue de l'impact des choix publics sur le bien-être et la soutenabilité. Les indicateurs soumis aux représentants de la Nation ne peuvent pas en effet être arrêtés une fois pour toutes mais doivent faire l'objet d'ajustements permanents : il importe de mobiliser les bons indicateurs sur les bonnes questions. Autrement dit, il faut créer en France une véritable culture parlementaire du bien-être et de la soutenabilité.

La seconde direction dans laquelle œuvrer est celle de l'évaluation des politiques publiques. Pour mesurer le chemin qui reste à accomplir en la matière, il suffit de consulter l'évaluation proposée par un groupe d'économistes de la loi dite « pour la croissance et l'activité » au début de l'année 2015. Deux arguments ont alors été mis en avant pour apprécier la pertinence de l'extension du travail dominical, mesure phare de cette loi : le premier visait à se concentrer sur les aspects mesurables de l'impact de la loi en négligeant ce qui était censé ne pouvoir l'être (le travail du dimanche fut ainsi considéré comme une bonne mesure pour son effet supposé sur l'emploi, estimé à partir d'expériences étrangères, mais sans effet sur le bien-être familial, réputé non mesurable, l'effet total fut donc jugé positif). Le second argument a consisté à négliger les effets sur le bien-être de cette mesure au nom d'une hiérarchie des valeurs : la loi visant prioritairement l'accroissement de l'emploi, il était légitime dans l'esprit des évaluateurs de minimiser ses éventuelles conséquences néfastes sur le bien-être. Une erreur typique de l'économie du XXe siècle est ici commise : une dimension matérielle du bien-être écrase toutes les autres, y compris d'ailleurs les autres dimensions purement économiques comme l'effet sur le pouvoir d'achat, sous-estimé dans l'évaluation. Ce type d'évaluation partiale qui s'efforce de parer d'autorité empirique des choix politiques éminemment discutables est la parfaite illustration de ce qu'il ne faut plus faire.

On retrouve cette instrumentalisation du discours économique dans l'évaluation du projet d'aéroport Notre-Dame-des-Landes rendue publique au début de l'année 2013. Présenté comme un arbitrage entre la raison économique et l'idéal écologique, le rapport de la « Commission de dialogue » constituée pour la circonstance repose sur une analyse partielle et donc fragile. Sur le plan macroéconomique, on note l'absence de présentation claire de la méthodologie et des résultats en termes de création nette d'emplois. On constate également l'absence de présentation des enjeux écosystémiques, de biodiversité et climatiques du projet, analysés à l'aide des outils de l'économie écologique, alors même que ces outils existent. Enfin, on ne discute pas dans ce texte du scénario contrefactuel qui consisterait à optimiser les capacités existantes. Si la raison économique doit être mobilisée pour éclairer un projet de cette nature, il importe de fournir aux décideurs publics une analyse globale coût-bénéfice d'au moins deux projets possibles – la construction de l'aéroport et l'optimisation des capacités existantes – et confronter le résultat de cette comparaison à des approches autres qu'économiques[1].

Car le projet de Notre-Dame-des-Landes se trouve bel et bien au carrefour de quatre crises écologiques que le gouvernement français dit vouloir atténuer : la crise des zones humides, l'artificialisation des sols, la destruction de la biodiversité et la hausse exponentielle des émissions des gaz à effet de serre du transport aérien. Il est un fait que le projet aujourd'hui envisagé aggrave ces quatre crises. Une question particulièrement sensible à cet égard concerne la possibilité ou pas de compenser la destruction des écosystèmes et de la biodiversité. Le ministère de l'Écologie et du Développement durable s'est efforcé dans une note récente de préciser ce qu'il nomme la « séquence "éviter", "réduire", "compenser" », qui vise à minimiser les impacts d'un projet d'infrastructure sur les milieux naturels. Il ressort de cette approche qu'il importe d'abord de tenter d'éviter l'impact environnemental, puis de s'efforcer de le réduire si l'on n'y parvient pas, avant bien entendu – si on échoue à le réduire complètement – de le compenser. Avec Notre-Dame-des-Landes, les deux premières étapes semblent avoir été passées à la trappe : on est directement passé à l'étape de compensation. Ce type de raccourci dans les évaluations d'impact, que l'on observe pour d'autres projets de grande ampleur ailleurs en France, revient à escamoter une partie de la réalité.

Les pratiques d'évaluation des projets publics et privés doivent donc être rendues véritablement plurielles, faute de quoi la dimension la plus immédiate et souvent la plus lucrative pour certains acteurs du bien-être économique l'emportera sur toutes les autres, provoquant une régression en termes de développement humain et soutenable qu'il faudra des années sinon des décennies pour mesurer pleinement et qui ne pourra sans doute jamais être corrigée.

1. Un rapport indépendant a tenté cette démarche sans que ses conclusions ne soient mentionnées dans le Rapport de la Commission de dialogue.

La démocratie participative doit venir renforcer ces réformes du gouvernement représentatif. Il importe de comprendre à ce sujet que la démocratie n'est pas seulement une dimension du bien-être mais aussi et surtout la méthode qui doit présider à sa définition. De nombreux instruments participatifs existent tels que les enquêtes ouvertes pratiquées dans le cadre de la méthode SPIRAL qui visent à faire émerger les éléments essentiels du bien-être à partir d'un dialogue direct entre les citoyens, mais aussi les conférences citoyennes qui associent experts et citoyens ou encore les consultations en ligne comme celles pratiquées par l'OCDE. Au plan territorial, des initiatives comme celles menées ces dernières années par les régions Nord-Pas-de-Calais (voir chapitre suivant) et Pays de la Loire[1] ont permis d'associer les citoyens à la définition du bien-être.

En tout état de cause, les commissions d'experts, comme la commission Stiglitz en 2009, ne peuvent au mieux qu'attirer l'attention publique. Il est donc préférable d'associer le plus tôt possible les citoyens et leurs représentants à ce qui est avant tout une délibération démocratique sur des valeurs et non une décision technique sur des outils. C'est précisément pourquoi le collectif FAIR (le forum pour d'autres indicateurs de richesse) a été constitué en 2008 comme s'en sont expliqués ses membres fondateurs : « Nous pensons que l'on ne peut pas confier à des groupes d'experts, dont les contributions sont évidemment utiles, le soin de dire quelles sont les fins à considérer et comment les prendre en compte. La participation de la société, la délibération politique sont indispensables pour dire et sélectionner les fins que l'on vise, et pour pondérer les critères d'évaluation qui leur correspondent[2]. »

Ce qui nous amène finalement à la dimension militante de la démocratie, que l'on a tort de réduire à un désordre violent. Dans

1. Voir notamment http://www.paysdelaloire.fr/dossiers-thematiques/democratie-territoriale/
2. FAIR, de quoi s'agit-il ?, http://www.idies.org/index.php ?post/FAIR-de-quoi-sagit-il

un ouvrage récent[1], l'économiste écologique Joan Martínez Alier montre bien que les « conflits écologico-distributifs », c'est-à-dire les conflits sociaux qui portent sur la répartition des ressources et des nuisances naturelles, sont féconds pour ouvrir l'éventail des valeurs.

Son argument majeur tient dans l'idée que le coût de l'extraction, du transport et de la consommation des ressources naturelles, qui s'intensifient à la surface de la planète et dont résultent quantité de pollutions et de déchets, est d'abord supporté par les plus pauvres et les plus vulnérables. De cet état de fait, résulte une vérité contre-intuitive : l'écologie n'est pas un luxe mais une nécessité, elle n'est pas l'apanage d'une classe aisée qui aurait sublimé le besoin matériel mais la condition de survie des défavorisés de tous les continents. Les pauvres sont soucieux de leur environnement parce qu'ils sont les premières victimes de sa dégradation. Sentinelles écologiques, ils nous alertent sur la réalité des crises en cours qu'ils sont les premiers à ressentir du fait de leur vulnérabilité sociale, comme les habitants des îles du Pacifique nous alertent sur la vitesse de la montée des mers et des océans sous l'effet du changement climatique. C'est bien pourquoi il y a, et depuis longtemps, « un écologisme spontané des pauvres ». Celui-ci se double selon Martínez Alier d'un écologisme de conviction, activiste, qui entend soustraire les ressources naturelles à la sphère marchande et à son jeu de valeurs : « Les pauvres, en réclamant un accès durable aux ressources et aux services de l'environnement contre le capital et/ou l'État, contribuent du même coup à leur conservation. »

D'où une idée centrale : « La structure des prix de l'économie dépendra des résultats concrets des conflits écologico-distributifs » (p. 583). Autrement dit, la tension entre le monde écologique et le monde économique, médiatisée par la question sociale, revient à l'opposition entre le pluralisme proprement politique des valeurs

1. Joan Martínez Alier, *L'Écologisme des pauvres. Une étude des conflits environnementaux dans le monde*, Les petits matins, 2014.

des ressources naturelles et l'unicité autoritaire de leur prix. Parce qu'il ouvre le débat sur la valeur, le conflit politique autour des ressources naturelles, à Tambo Grande (Pérou), Coega (Afrique du Sud), Notre-Dame-des-Landes ou Sivens, nous guide vers la soutenabilité.

C'est en s'appuyant sur ce trépied démocratique que la transition du bien-être et de la soutenabilité peut espérer aboutir. Mais il lui faut un ancrage institutionnel, et c'est précisément ici qu'interviennent les territoires.

CHAPITRE 16

Évoluer par les territoires

Il existe au moins trois raisons fortes qui font des territoires (régions, métropoles, départements, villes), plus que les États-nations, les vecteurs par excellence de la transition du bien-être et de la soutenabilité. La première tient à leur montée en puissance sous le double effet de la mondialisation et de l'urbanisation. Les territoires ne sont plus des subdivisions administratives de l'espace national mais des multiplicateurs autonomes de développement. Toute politique publique est désormais territoriale. Deuxièmement, la nécessité de mesurer et d'améliorer le bien-être humain au plus près des réalités vécues par les personnes impose l'échelle territoriale. L'indice de développement humain calculé pour la France entière est utile pour les comparaisons internationales ou historiques mais il ne nous dit rien du développement humain réel dans le pays et notamment des différences, parfois fortes, qui peuvent exister entre les territoires. Enfin, les territoires sont bien plus agiles que les États (sans parler des institutions internationales) et davantage capables qu'eux de mettre en mouvement les nouveaux indicateurs et de les traduire en nouvelles politiques. On parle à ce sujet, à la suite de la regrettée Elinor Ostrom, de « transition polycentrique » pour signifier que chaque échelon de gouvernement peut s'emparer de la transition du bien-être et de la soutenabilité sans attendre une impulsion venue d'en haut.

Le premier constat, la montée en puissance des territoires dans notre nouveau monde économique, ne souffre guère de contestation. Attardons-nous sur le deuxième point. L'indice de développement humain (IDH) peut être considéré comme le premier indicateur de bien-être à avoir changé le regard porté sur le monde économique et donc les politiques publiques, en l'occurrence les politiques de développement, que personne n'aborde plus désormais sans considérer au moins, en plus du revenu, les enjeux de santé et d'éducation. Pourtant cet indicateur pionnier souffre d'importantes limites, on l'a vu notamment au chapitre 8 à la lumière du cas tunisien au sujet des libertés civiles et des droits politiques et plus encore en considérant les indicateurs de soutenabilité, car les conditions environnementales sont un point aveugle de l'IDH. Mais il connaît aussi une limite spatiale : il repose sur des moyennes nationales, qui ne permettent pas d'évaluer le bien-être au plus près des personnes.

Mesurer le bien-être là où il est vécu

Deux études récentes sur les États-Unis et la France permettent de « territorialiser » le bien-être pour dévoiler les inégalités qui peuvent exister en la matière, mais aussi pour révéler l'inversion des hiérarchies que peut entraîner le changement dans les instruments de mesure.

Le projet « Measure of America[1] » a adapté la méthodologie des Nations unies (consistant à calculer un indice qui évalue à parité le revenu, l'éducation et la santé)[2] à trois niveaux territoriaux américains : les États, les aires métropolitaines et les « counties ». Si l'on s'en tient aux écarts de développement humain entre États

1. « Measure of America » : http://www.measureofamerica.org/
2. Les données utilisées par les Nations unies et « Measure of America » diffèrent quelque peu mais l'esprit de l'indice de développement humain est très largement préservé par sa variante territoriale.

Tableau 24. Indice de développement humain dans les États américains, en indice (données 2010)

Mississippi	3,81
Arkansas	3,91
West Virginia	3,95
Kentucky	4,02
Alabama	4,04
Louisiana	4,12
Oklahoma	4,14
Tennessee	4,22
South Carolina	4,35
Idaho	4,50
New Mexico	4,52
Montana	4,54
Indiana	4,56
North Carolina	4,57
Missouri	4,60
Georgia	4,62
Nevada	4,63
Texas	4,65
Ohio	4,71
Michigan	4,76
South Dakota	4,79
Florida	4,82
Wyoming	4,83
Oregon	4,86
Arizona	4,89
North Dakota	4,90
Maine	4,93
Kansas	4,96
Utah	5,03
Iowa	5,03
Alaska	5,06
Pennsylvania	5,07
Nebraska	5,11
Wisconsin	5,16
Delaware	5,22
Illinois	5,31
Vermont	5,31
Rhode Island	5,38
Washington	5,40
California	5,40
Virginia	5,47
Hawaii	5,53
Colorado	5,53
New York	5,66
Minnesota	5,69
New Hampshire	5,73
Maryland	5,94
District of Columbia	6,08
New Jersey	6,12
Massachusetts	6,16
Connecticut	6,17

Source: « Measure of America ».

américains, on constate qu'alors que la moyenne des États-Unis se situe autour de 5 (en valeur indicielle), le Connecticut atteint 6,17, soit plus d'une fois et demie le niveau atteint par le Mississippi, situé en bas de classement (voir tableau 24).

Cet écart de développement humain peut paraître faible mais il est en réalité à peu près équivalent à celui qui sépare, en moyenne nationale, les États-Unis de Sao Tome et Principe, respectivement placés au 3e rang et au 156e rang en termes d'indice de développement humain dans le classement des Nations unies. C'est dire si les moyennes nationales sont trompeuses !

Plus saisissante encore est la comparaison au sein d'une même zone métropolitaine des écarts de développement humain entre territoires voisins, voire mitoyens. Los Angeles se situe ainsi, en moyenne, au-dessus des États-Unis et même de l'État de Californie, mais l'écart entre les localités les plus et les moins développées humainement de la métropole atteint un facteur 4,6. Les localités les moins développées se trouvent en termes de développement humain, au début des années 2010, là où étaient les États-Unis au milieu des années 1960 (tableau 25).

Tableau 25. Les mondes du développement humain à Los Angeles

États-Unis	**5,03**
Californie	5,46
Zone métropolitaine de Los Angeles	5,52
Localités les plus favorisées (Orange County, Newport Beach, Laguna Hills)	8,88
Localités les moins favorisées (Watts)	1,91
États-Unis dans les années 1960	1,91

Source : « Measure of America ».

Autrement dit, cette étude spatiale du bien-être nous révèle que les habitants de territoires distants de quelques kilomètres évoluent dans des mondes de développement humain distants d'un demi-siècle (on retrouve ce type d'écart dans des villes comme New York, où le 14e district, situé dans l'Upper East Side, une des parties les plus privilégiées de Manhattan et le 16e district, situé dans le Bronx, sont séparés par l'équivalent de cinquante ans de développement humain alors qu'ils ne sont distants que de 3,5 kilomètres et 5 stations de métro).

Des travaux menés dans le contexte de l'Union européenne révèlent de la même manière que les écarts entre territoires peuvent être bien plus importants que les écarts entre les pays[1]. On peut l'illustrer avec le cas des taux d'emploi en Italie et au Canada. Ces deux pays sont respectivement les pays de l'OCDE où les taux d'emploi sont les plus faibles et les plus élevés. Or les écarts entre les régions de ces deux nations sont bien plus significatifs que l'écart entre les deux moyennes nationales (l'écart des taux d'emploi entre les deux pays est de 15 points de pourcentage, mais il est de 21 points entre les régions italiennes et de 32 points entre les régions canadiennes). Savoir où le bien-être économique – ici la possibilité d'accéder à un emploi – est le plus important est tout simplement impossible en se tenant trop loin des conditions réelles de vie des personnes, en partie déterminées par les territoires qu'elles habitent.

Le bien-être territorial en France

L'approche territoriale du bien-être est donc indispensable et le cas de la France permet de s'en convaincre complètement. Une étude conduite récemment pour l'Association des régions de France par la

1. Voir notamment Rocco L. Bubbico et Lewis Dijkstra, « The European regional human development and human poverty indices », *Regional Focus*, 2011, 02, http://ec.europa.eu/regional_policy/sources/docgener/focus/2011_02_hdev_hpov_indices.pdf

Direction de la prospective du Nord-Pas-de-Calais[1], très en pointe sur la conception et l'usage des indicateurs de bien-être de soutenabilité, permet de saisir tout ce que ces indicateurs apportent à la compréhension des trajectoires de développement des régions françaises. L'étude[2] croise trois indicateurs : le PIB par habitant, l'indice de développement humain et enfin l'« indicateur de santé sociale ». Ce dernier présente l'avantage d'enrichir encore l'approche du bien-être par rapport à l'indice de développement humain en agrégeant non pas trois mais quatorze indicateurs parmi lesquels les conditions de travail, le logement, la sécurité ou encore la qualité du lien social.

En comparant le classement des différentes régions françaises obtenu selon ces trois indicateurs, on constate trois faits particulièrement intéressants. D'abord, les régions les mieux classées selon le PIB par habitant (la mesure la plus conventionnelle de la richesse) ne sont pas les mieux classées selon l'indice de développement humain. Pour autant, deuxième constat, la corrélation entre le PIB par habitant et l'indice de développement humain n'est pas négligeable : elle traduit le fait que l'indice de développement humain intègre pour un tiers de sa composition une mesure du revenu. Mais, dernier constat, les dimensions non monétaires du développement humain, l'éducation et la santé, sont quant à elles très faiblement corrélées au PIB par habitant.

Ces considérations statistiques un peu fastidieuses nous dévoilent deux réalités essentielles : d'une part, la carte du PIB par habitant ne coïncide pas en France avec celle du développement humain, autrement dit les régions les plus riches économiquement ne sont pas nécessairement les plus développées humainement ; d'autre part, les dimensions non monétaires du développement humain, la santé et l'éducation, ne « découlent » pas du revenu : il faut donc

1. Pour suivre les travaux de cette institution : http://www.nordpasdecalais.fr/jcms/c_5319/avenir/prospective
2. Disponible à cette adresse http://www.arf.asso.fr/wp-content/uploads/2012/04/rapportfinalARF.pdf. voir aussi Pierre-Jean Lorens, Grégory Marlier et Stéphane Humbert « Vers de nouveaux indicateurs pour le développement humain territorial », *in* Éloi Laurent (dir.), *Vers l'égalité des territoires*, La Documentation française, 2013.

des politiques spécifiques qui prennent ces enjeux à bras-le-corps car le simple fait d'être riche ne suffit pas pour être bien éduqué et en bonne santé, ou riche humainement.

Tout dernier constat statistique : le niveau de PIB par habitant et l'indicateur de santé sociale sont encore moins corrélés que le PIB par habitant et le niveau de développement humain. Ce dernier point nous indique que lorsque le revenu est remis à sa place dans un ensemble plus vaste qui vise à mieux appréhender la pluralité du bien-être humain, son influence diminue. Autrement dit, en élargissant la définition du bien-être pour y inclure de nouvelles dimensions, on met encore plus de distance entre la carte de France de la richesse économique et celle de la richesse humaine.

Les indicateurs de bien-être territoriaux nous permettent donc d'enrichir considérablement notre compréhension des dynamiques et des trajectoires de développement des régions françaises. Ils permettent aussi un renouvellement bienvenu des débats territoriaux français qui oscillent trop souvent entre un économisme naïf[1] et un cynisme ethnique.

Les travaux de qualité sur le bien-être territorial en France se multiplient d'ailleurs ces dernières années et permettent de laisser de côté des débats devenus trop étroits sur le développement économique territorial (réduit au PIB ou au revenu par habitant) ou l'« attractivité économique » considérée sous le seul angle d'une « compétitivité » dont la définition est mal assise. L'INSEE a ainsi proposé récemment une étude[2] de la qualité de vie dans les territoires français en croisant une trentaine d'indicateurs[3]. Il en résulte une cartographie du bien-être territorial en France qui permet de

1. Sur ce point, voir l'introduction du rapport *Vers l'égalité des territoires*, La Documentation française, 2013, accessible à l'adresse http://www.ladocumentationfrancaise.fr/var/storage/rapports-publics/134000131/0000.pdf

2. Robert Reynard et Pascal Vialette, « Une approche de la qualité de vie dans les territoires », *Insee première*, 2014, 1519.

3. Ces indicateurs mesurent l'accessibilité aux équipements culture-sports-loisirs-vie associative, l'éducation, l'égalité femmes-hommes, la dimension emploi-travail, l'environnement, l'équilibre travail-vie privée, le logement, la qualité des relations sociales, les revenus, la santé, les transports et la vie citoyenne.

s'extraire des débats caricaturaux et parfois nauséabonds mettant en scène les territoires « perdus » ou « sacrifiés » pour entrer dans une véritable compréhension de la complexité territoriale française.

L'INSEE dégage ainsi huit grands types de territoires : « Des territoires franciliens, certains aisés mais assez inégalitaires et très denses, d'autres dans le sud-ouest parisien, particulièrement favorisés, hormis pour les temps de trajet domicile-travail ; les métropoles régionales, qui possèdent des équipements fournis et accessibles mais présentent certaines difficultés sociales ; le périurbain des grandes métropoles régionales dynamiques, un peu moins aisé que les précédents mais plus impliqué dans la vie citoyenne ; des territoires plutôt denses en situation peu favorable, essentiellement dans le Nord-Est et le Sud-Est ; des bourgs et petites villes en situation intermédiaire dans le Bassin parisien et dans l'Est ; des territoires autour de villes moyennes présentant de nombreux atouts dans l'Ouest et le Sud-Ouest ; des territoires plutôt isolés, peu urbanisés, hors de l'influence des grands pôles. » Ce qui apparaît ici est une carte de France des arbitrages territoriaux entre différentes dimensions du bien-être humain. On peut encore enrichir ces nouvelles cartes du bien-être français en ayant recours aux données subjectives, c'est-à-dire aux enquêtes qui visent à mesurer directement auprès des habitants leur sentiment de bien-être. L'Observatoire des territoires propose ainsi dans la dernière édition de son Rapport annuel des données tout à fait passionnantes sur le bien-être subjectif des habitants des territoires français selon différentes dimensions, comme la mobilité ou le logement. Ces données doivent notamment être utilisées par les pouvoirs publics locaux pour évaluer l'efficacité de leur action auprès de leurs administrés en fonction des préférences de ces derniers.

Plus largement, l'OCDE s'est récemment engagé sur le terrain de la mesure du bien-être territorial et propose désormais une large gamme de données[1] portant sur différentes dimensions du bien-être

1. Ces données sont accessibles de manière interactive sur le site http://www.oecdregionalwellbeing.org/

considérées aux échelles régionale et métropolitaine. On peut ainsi par exemple mesurer les profils de bien-être des différentes régions françaises et comparer la plus importante d'entre elles, l'Île-de-France, à la moyenne des autres (voir graphique 18).

Graphique 18. Le bien-être en Île-de-France comparé aux autres régions françaises

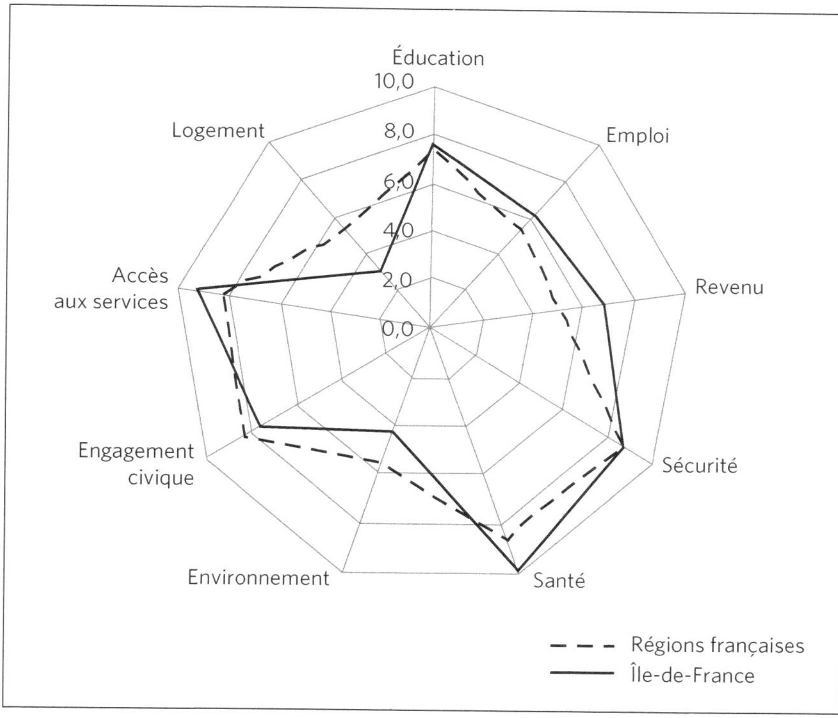

Source : OCDE.

Cette simple comparaison est riche de précieux enseignements : on repère immédiatement qu'en matière de logement et d'environnement, la région capitale est nettement en dessous de la moyenne des autres régions françaises alors qu'elle les dépasse en matière de revenu et de santé. Il s'agit là d'éléments très utiles portés à la connaissance des pouvoirs publics franciliens qui peuvent les mettre à profit dans la conception de politiques publiques adaptées au profil du bien-être territorial de la région.

De nombreuses expériences territoriales se développent ainsi dans différents pays pour mesurer le bien-être au plus près des citoyens, et notamment en Australie, au Royaume-Uni ou encore au Canada. Mais dans tous ces cas, comme dans les exemples que nous avons présentés jusqu'ici dans ce chapitre, il s'agit de mesurer le bien-être, c'est-à-dire de composer une image statique des différentes dimensions qui rendent la vie bonne.

Or la perspective dynamique sur le bien-être, c'est-à-dire l'enjeu de la soutenabilité, pose d'intéressants problèmes au plan territorial et fait notamment apparaître un dilemme quant à la nature des données nécessaires à la compréhension du réel. En effet, le bien-être se mesure le mieux à l'échelle locale mais la soutenabilité, notamment celle des grandes métropoles globales comme Londres, New York ou Tokyo, s'évalue correctement en tenant compte de leur impact au-delà des frontières municipales. Il y a là un arbitrage d'échelle entre bien-être local et soutenabilité globale tout à fait intéressant à considérer pour mesurer le bien-être en trois dimensions (voir figure 3).

Figure 3. Comprendre le bien-être en trois dimensions

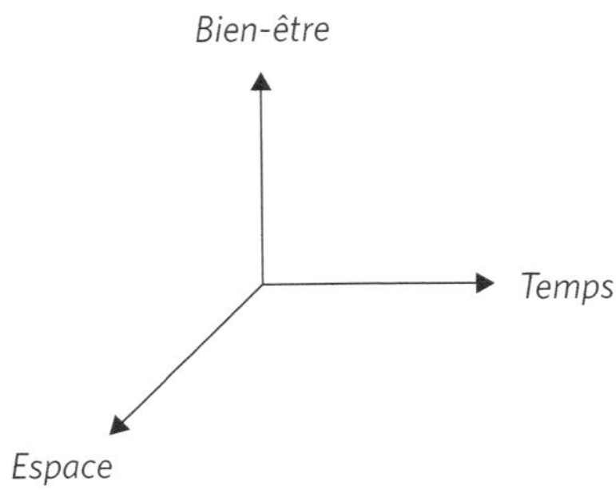

Cette approche du bien-être en trois dimensions peut se comprendre de deux manières : soit en décomposant le bien-être en bien-être présent, bien-être futur et bien-être au-delà de l'espace considéré (par exemple la France ou la ville de Barcelone)[1] ; soit en décomposant le bien-être en bien-être présent, bien-être futur et bien-être en deçà de l'espace national, c'est-à-dire dans sa dimension territoriale. Des arbitrages apparaissent alors entre bien-être présent et bien-être futur mais aussi entre bien-être présent et impact sur le bien-être ailleurs dans le monde (c'est notamment la problématique des flux de matières qui a été développée au chapitre 10).

Une problématique intermédiaire sur le plan temporel entre la mesure du bien-être et celle de la soutenabilité, qui représente aujourd'hui la frontière des travaux sur le bien-être territorial, consiste à considérer la question de la résilience des territoires (et donc de leurs habitants).

Vers la résilience territoriale

Que signifie le concept de « résilience », très utilisé dans de nombreuses disciplines, dans ce contexte précis ? La résilience sociale peut être comprise comme la capacité des sociétés humaines à supporter collectivement les effets des chocs écologiques (par exemple le changement climatique) et économiques (par exemple une récession comme en 2009) sans se désintégrer et à apprendre d'eux afin de pouvoir atténuer les chocs à venir.

La notion de résilience territoriale apparaît donc particulièrement pertinente car les effets des chocs sont le plus souvent asymétriques au plan national du fait des spécificités et spécialisations territoriales et de capacités territoriales de réponse hétérogènes. Ainsi, le changement climatique ne frappera pas de manière équivalente les régions françaises, et à l'intérieur de celles-ci, les territoires côtiers, les zones rurales, les aires urbaines, etc. De même, la « grande récession » de 2009 n'a pas affecté de manière équivalente les départements

1. L'approche « bien-être ici et maintenant, bien-être plus tard et bien-être ailleurs », adoptée par la Conférence des statisticiens en 2013 comme cadre conceptuel des indicateurs de bien-être et de soutenabilité, est proche de cette décomposition.

français. Mais comment définir les composantes de la résilience territoriale ? Quels sont les éléments qui rendent les territoires plus ou moins résilients et comment les mesurer ?

La résilience territoriale peut être définie comme le produit de la vulnérabilité territoriale (qui est elle-même la somme de l'exposition et de la sensibilité d'une population territoriale à un choc donné) et de la réactivité territoriale (qui comprend la capacité d'apprendre et la capacité de réforme des communautés vivant sur un territoire donné). C'est ce qu'illustre la figure 4.

Figure 4. Les déterminants de la résilience territoriale

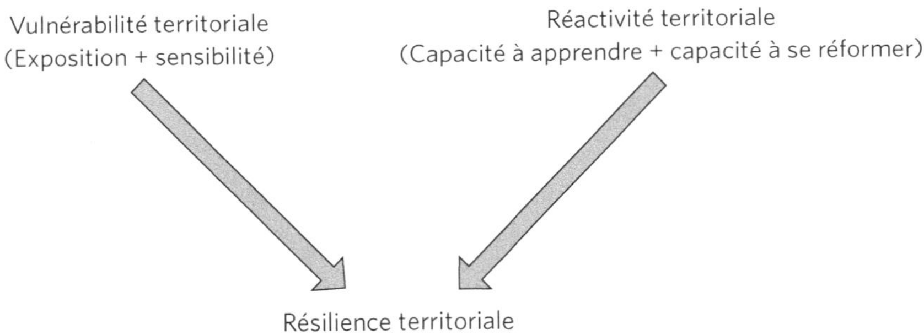

Source : auteurs.

Dans ce cadre d'analyse, la question de l'échelle pertinente, toujours délicate, se pose. L'échelle géographique pertinente combine bassin de vie et politiques publiques : dans le cas de la France, la résilience régionale s'impose si les chocs sont symétriques ou si les moyens de compenser et d'anticiper ces chocs peuvent être redistribués au niveau régional *via* les politiques publiques. Dans le cas contraire, c'est la résilience départementale ou municipale qui s'avère la plus pertinente.

On peut envisager de décliner ce schéma d'analyse en faisant correspondre aux différentes composantes de la résilience territoriale des indicateurs précis et opérationnels appliqués à la France (tableau 26).

Tableau 26. Des indicateurs possibles de résilience territoriale

	Type d'indicateur	Exemple d'indicateur
Vulnérabilité		
Exposition	• *Social-écologique* Exposition écologique (situation géographique, chocs climatiques, écosystèmes, biodiversité, etc.).	Indicateurs du Rapport Jouzel (2014) sur l'impact régional du changement climatique.
	Exposition social-écologique (concentration des populations dans les zones à risque, à proximité des sites dangereux, qualité de l'urbanisme, précarité énergétique, inégalités environnementales, etc.).	Inégalités environnementales dans l'exposition aux particules fines.
	• *Social-économique* Exposition économique (ouverture commerciale et financière, etc.). Inégalités spatiales.	Indices de spécialisation et de concentration de l'INSEE.
	Diversification et concentration des systèmes de production.	
Sensibilité	• *Capacités sociales* Développement humain.	Indicateurs de santé et d'éducation.
	Inégalités sociales.	Indicateur d'inégalité de Gini.
	Capital social.	Confiance interpersonnelle, soutien et réseaux sociaux.

	Type d'indicateur	Exemple d'indicateur
	• *Capacités institutionnelles* Qualité de la préparation territoriale (existence de plans d'urgence et de voies d'évacuation, conformité aux réglementations nationales, etc.). Qualité des infrastructures (télécommunications, réseaux d'énergie, de transport, etc.). Qualité des services de première intervention. Qualité des services d'assurances.	
Réactivité		
Capacité d'apprentissage collectif	Capital humain. Recherche et développement. Qualité des systèmes d'information. Qualité du débat public et de la participation.	Qualification de la main-d'œuvre.
Capacité de réforme	Innovation sociale. Confiance institutionnelle. Qualité de la gouvernance.	Indice de fragmentation territoriale de l'OCDE.

Source : Éloi Laurent (2014).

Ce tableau illustre la manière dont on peut passer d'une approche, la résilience territoriale, à un cadre d'analyse (les composantes de la résilience territoriale), à des instruments de mesure (à la fois génériques et spécifiques, comme proposés dans le tableau) et finalement à des politiques publiques visant à prendre la mesure des faiblesses ou des lacunes et à accroître la résilience d'un territoire donné.

Pour finir, il nous faut articuler le triptyque du changement que nous avons envisagé au début de cette dernière partie et croiser les principes (la valorisation), la méthode (la pluralité démocratique) et les institutions (les territoires), pour montrer comment faire vivre dans les faits la transition du bien-être et de la soutenabilité.

Deux territoires font à cet égard, à nos yeux, figure de référence respectivement dans le monde développé et dans le monde émergent. La région Nord-Pas-de-Calais a su au cours des années récentes combiner un rigoureux travail de recherche avec une véritable impulsion politique en impliquant à chaque étape les citoyens et les acteurs territoriaux au moyen de pratiques participatives innovantes (« conférence citoyenne[1] », « forum hybride[2] », etc.) pour porter plusieurs projets de territoires et notamment la « Transformation écologique et sociale de la région ». Elle est aujourd'hui reconnue comme une des régions les plus avancées en Europe dans la transition du bien-être et de la soutenabilité.

La ville de Recife, au Brésil, a quant à elle développé une approche originale visant à créer un Observatoire du bien-être municipal qui est aussi un lieu de délibération permanent sur les dimensions du bien-être qu'il convient ou non de valoriser. Il s'agit

1. Quinze citoyens du Nord-Pas-de-Calais, sélectionnés par un organisme indépendant, ont débattu en septembre 2009 de la pertinence des indicateurs régionaux alternatifs autour de trois grandes questions : « Ces indicateurs font-ils sens pour vous, vous parlent-ils ? Permettent-ils de mieux mesurer le développement régional dans ses composantes essentielles ? Quels usages en promouvoir ? » On trouvera une présentation détaillée de cette initiative à l'adresse suivante http://www.idies.org/public/FAIR/NoteD2DPE30_conf_rence_citoyenne_indicateurs_de_d_veloppement__2_.pdf

2. On trouvera le détail de cette initiative lancée en décembre 2014 à l'adresse suivante http://prospective.participons.net/forum-hybride-permanent/

à la fois d'un exercice de délibération politique, de mesure du bien-être et d'interpellation du pouvoir politique[1].

Ces deux exemples montrent combien les indicateurs de bien-être et de soutenabilité peuvent apporter aux territoires et combien, en retour, les territoires peuvent contribuer à la transition du bien-être et de la soutenabilité.

1. http://www.observatoriodorecife.org.br/

CONCLUSION

L'entre-deux mondes

Nous vivons encore sous le règne du PIB, mais au moment de conclure cet ouvrage, force est de constater que le nouveau monde économique est en train d'être défriché sous nos yeux. Nul pays n'illustre mieux la révolution du bien-être et de la soutenabilité en cours que la Chine, qui est véritablement entre deux mondes, celui de l'économie du XXe et celui du XXIe siècle, en train de basculer de l'un vers l'autre.

Ainsi donc, si l'on en croit les récents calculs du Fonds monétaire international, la Chine a ravi en 2014 aux États-Unis la place de première puissance économique mondiale, mesurée par le PIB. Certains analystes ont critiqué à juste titre les défauts statistiques de la méthode dite de « parité de pouvoir d'achat » qui a abouti au constat de ce dépassement prématuré, qui n'était attendu que dans quelques années. Mais l'essentiel est ailleurs : la Chine est l'illustration parfaite des raisons pour lesquelles le PIB doit être dépassé en ce début de XXIe siècle. Mieux encore : les dirigeants chinois en paraissent convaincus !

Pour commencer, la taille de l'économie chinoise ne nous dit rien du bien-être économique réel des Chinois. Pour le mesurer, il nous faut disposer d'un critère démographique et d'un ou plusieurs indicateurs d'inégalité de revenu. On constate alors que le revenu par habitant en Chine est non seulement environ dix fois moins important qu'en Suède par exemple, du fait de l'abondance relative des bouches à nourrir (la Chine est 121ᵉ sur environ 200 en termes de PIB par habitant), mais qu'il y est en outre deux fois plus inégalement réparti. La Chine se situe très loin, une fois ce double ajustement opéré, des pays les plus développés.

Mais, comme nous l'avons vu abondamment, le bien-être humain ne se limite pas au bien-être économique. Dans des dimensions aussi essentielles pour le développement que la santé et l'éducation, la Chine se situe nettement derrière le groupe des nations les plus avancées (en milieu de classement des pays du monde selon l'indice de développement humain des Nations unies). Des indicateurs plus exotiques, comme le bonheur des habitants, relèguent la Chine sensiblement au même rang (fait notable et troublant : alors même que le revenu par habitant a été multiplié par un facteur quatre au cours des deux dernières décennies, les indicateurs de bonheur des Chinois ont eu tendance à reculer…).

Lorsque l'on élargit encore la focale pour envisager le progrès social, et notamment la question des libertés civiles et des droits politiques, la situation apparaît encore plus dégradée : la Chine se classe parmi les 5 % des pays les moins libres de la planète, et sa situation s'est détériorée relativement aux autres nations du monde depuis une dizaine d'années, alors même que sa croissance économique devenait exponentielle.

Enfin, et serait-on tenté de dire surtout, les dégradations environnementales massives dont la Chine est le théâtre depuis le début des années 1990 font douter que la « première puissance économique mondiale » puisse le demeurer longtemps. Apprécié sous l'angle non plus seulement du niveau de vie statique mais du développement soutenable, le « modèle » de croissance chinois de ces dernières années s'apparente à une véritable autodestruction, dont l'air et l'eau sont les victimes directes et la santé humaine le dommage collatéral (tableau 27).

Tableau 27. La Chine, première puissance mondiale ?

Indicateurs/ Dimension	**Composantes/ Spécification**	**Classement/ Évolution**
PIB	PIB en PPA (taux de change).	N° 1 (2014).
PIB/habitant	Prise en compte de la population.	PIB/hab = 121e (2013).
Répartition du revenu national	Inégalités économiques.	Gini = 0,45 (2013).
Développement humain	Santé + éducation + revenu.	IDH = 91e (2013).
Bonheur	Satisfaction à l'égard de la vie.	Life satisfaction = 93e (2010-2012), indicateurs bonheur décroissent
Institutions/démocratie	État des libertés civiles et des droits politiques.	= « Not Free » (6/7) + « Voice & accountability » = 5 % les moins libres.
Soutenabilité	État des écosystèmes (air, eau) + climat (global).	« Crash » écologique (75 % des cours d'eau pollués, pollutions atmosphériques urbaines aiguës, 27 % des émissions de CO_2 mondiales, etc.).

Source : diverses institutions.

La Chine se démène donc depuis le début des années 1980 et plus encore depuis l'an 2000 pour atteindre un horizon désormais dépassé. Ce faisant, elle a mis en péril le développement humain et soutenable de sa population et une partie conséquente des ressources de la planète, notamment atmosphériques. La bonne nouvelle pour l'avenir vient du fait que les dirigeants chinois ont désormais accepté cette réalité : en conséquence, ils abaissent leur objectif de croissance du PIB pour rehausser leurs objectifs de développement.

Le pouvoir chinois a ainsi adopté depuis 2006 ce qui revient à un tableau de bord de développement soutenable comprenant des cibles environnementales qui viennent compléter les objectifs économiques et sociaux que se fixe le pays à intervalles réguliers. Cette nouvelle stratégie de développement « harmonieux », qui reconnaît que la croissance économique à marche forcée finira par anéantir le développement humain, a été très clairement explicitée dès 2006 par le Premier ministre, Wen Jiabao, et réaffirmée avec force depuis lors à plusieurs reprises, et notamment au moment de l'adoption du XIIe plan quinquennal en 2011 et encore en 2013 et 2014 avec l'adoption d'un ambitieux de plan de lutte contre la pollution, devenue insoutenable dans la plupart des agglomérations du pays. La Chine, comme la grande majorité des pays de la planète, est certainement encore loin d'un développement soutenable, mais quel pays occidental, au plus fort de la croissance industrielle des années 1960, a opté, ne serait-ce que dans l'ordre des intentions, pour des contraintes environnementales aussi fortes ?

L'annonce de la baisse du taux de croissance chinois est donc une excellente nouvelle : c'est le signe d'un choix politique qui donne la priorité au bien-être et à la soutenabilité. La Chine, dernier empereur du PIB, peut légitimement considérer que les pays développés sont mauvais perdants : quand ils ne gagnent plus, ils décident de changer les règles du jeu. Mais si la Chine ne croit plus au PIB et qu'en conséquence elle croît moins, c'est nous tous qui y gagnerons.

Les États-Unis, autre pôle économique majeur de notre mondialisation, ne sont pas en reste. Le Parti démocrate, le président Obama en tête, est en train de revenir sur la priorité exclusive accordée à la croissance économique dans les années 1990 sous la férule de Bill Clinton. L'urgence est à présent à la réduction d'inégalités devenues explosives et destructrices. Barack Obama, qui a qualifié en décembre 2013 l'écart croissant de revenu dans son pays de « question essentielle de notre temps », a de nouveau consacré ses récents discours et ce qui lui reste de capital politique à cette thématique désormais lancinante dans le débat public américain. Le prisme des inégalités progresse aussi au plan local : Bill De Blasio, le nouveau maire de New York, a axé l'ensemble de sa campagne municipale sur cette question et remporté le scrutin avec cinquante points d'avance sur son rival républicain. Il a commencé à appliquer son programme, notamment dans le domaine de l'éducation. Les deux hommes et leurs entourages ont probablement pris conscience du fait que le laisser-faire inégalitaire n'est pas seulement injuste et inefficace, c'est aussi une grave erreur politique.

Pour des générations d'économistes, le « grand dilemme » entre efficacité et égalité imaginé par Arthur Okun demeure la référence consciente ou inconsciente. Celui-ci postule que les inégalités sont un mal nécessaire pour atteindre l'efficacité économique : « La poursuite de l'efficacité crée nécessairement des inégalités. Et ainsi la société est confrontée à un arbitrage entre égalité et efficacité. » Le point clé de son analyse est la séparation et la hiérarchisation des enjeux d'efficacité et d'égalité. Il est en cela parfaitement fidèle à l'analyse néoclassique la plus conventionnelle, développée au début du siècle par Pareto : une politique économique doit d'abord viser l'efficacité économique, dont découlera naturellement, dans le cas idéal, la redistribution (c'est le premier théorème du bien-être), cette dernière pouvant en tout état de cause faire l'objet d'un traitement compensatoire séparé.

La recherche économique de ce début de XXIe siècle, nourrie par de très nombreux travaux empiriques, remet complètement en cause cette idéologie de l'efficacité juste : les inégalités sont non seulement injustes mais elles sont avant tout inefficaces. Elles provoquent des crises financières. Elles substituent la rente à l'innovation. Elles empêchent l'essor de la santé et de l'éducation. Elles figent les positions sociales. Elles paralysent la démocratie. Elles aggravent les dégradations environnementales et nourrissent les crises écologiques.

L'image du « seau percé » d'Okun, censée symboliser le conflit irréductible entre louable volonté redistributive et froides réalités économiques peut être exactement inversée : les inégalités sont autant de trous percés dans le seau de l'efficacité qu'il ne sert dès lors à rien de remplir car son contenu ne parvient plus jusqu'aux citoyens. C'est ce qui explique qu'aujourd'hui, aux États-Unis, 2 % de croissance du PIB se traduisent dans les faits par une décroissance du revenu pour 90 % de la population : entre l'accroissement du PIB et les revenus effectivement distribués à la très grande majorité des Américains s'interposent les « fuites » du pouvoir de la finance, de l'inégalité salaire-profit et de l'accaparement des richesses par le sommet de la distribution des revenus. Cet enjeu sera au centre de la prochaine élection présidentielle, en 2016, et devrait notamment largement inspirer le programme de la future candidate Hillary Clinton, qui peut devenir la prochaine présidente du pays.

Dans l'Union européenne enfin, la révolution du bien-être et de la soutenabilité progresse aussi. L'UE fait figure de pionnière en matière d'usage des nouveaux indicateurs : c'est elle qui a relancé cette question sur la scène internationale en 2007. Et c'est elle qui envisage sa stratégie de développement pour la prochaine décennie selon des objectifs pluriels, en tentant d'équilibrer développement économique, progrès social et soutenabilité environnementale. Elle a aussi été le théâtre d'une récente polémique qui montre que le changement de la mesure économique et sociale est bien plus aisé que beaucoup ne se le représentent. Sous le nouveau régime de normes statistiques dit « ESA 2010 » (devenue la loi commune en juin 2013), l'agence statistique européenne Eurostat et la Commission européenne ont demandé aux États membres d'inclure dans le calcul du PIB les activités criminelles telles que la prostitution et le trafic de drogue dans le but avoué de refléter plus fidèlement la réalité. L'INSEE, considérant que ces transactions ne pouvaient pas être considérées comme des échanges complètement libres, a refusé cette réforme statistique.

Cet épisode recèle trois enseignements précieux. D'une part, il n'est pas si difficile que cela de se mettre d'accord sur de nouvelles normes statistiques. D'autre part, si le caractère sulfureux de la réforme proposée a naturellement retenu l'attention médiatique, elle cache en fait une réforme plus profonde du PIB en vue d'y intégrer des aspects qualitatifs tels que l'innovation et les dépenses de recherche et développement qui jusque-là étaient comptabilisées comme des consommations intermédiaires et non des investissements. Ce changement pourrait à lui seul augmenter le PIB de certains pays comme la Finlande et la Suède de 4 à 5 % (et de 2 à 3 % pour la France). Cela ouvre la voie à des réformes plus amples allant dans le sens de la reconnaissance de la qualité du développement. Enfin, le refus de l'INSEE sur un fondement éthique nous renvoie à l'idée que compter est toujours un choix politique. Pour toutes ces raisons, cette réforme pourrait bien inaugurer un mouvement bien plus conséquent de révision des normes statistiques européennes.

La Chine, les États-Unis, l'Union européenne mais aussi l'OCDE, les Nations unies, des territoires en nombre croissant... les jours de l'ancien monde économique sont comptés !

Table

PARTIE 2
La soutenabilité

PARTIE 3
Évaluer pour évoluer

Cet ouvrage a été composé
en Electra et en Whitney
par Nord Compo
à Villeneuve-d'Ascq (Nord).

N° d'édition : 7381-3290-2 – N° d'impression : 506260
Dépôt légal : mai 2015

Achevé d'imprimer en juin 2015
sur les presses de la Nouvelle Imprimerie Laballery (58)

La Nouvelle Imprimerie Laballery est titulaire de la marque Imprim'Vert®

Imprimé en France